JN083705

自宅ではじめる

Docker入門
ドッカー

[改訂版]

まえがき

　1台の物理サーバ上に複数台のサーバを稼働できる仮想化技術は、急拡大するIT市場に伴い、サーバ運用の効率化が求められた結果として、ここ10年足らずですっかり定着しました。さらに膨れ上がる市場に対し、さらに効率化を目指した結果、誕生したのがコンテナ型仮想化技術です。

　コンテナ型仮想化技術は従来の仮想化技術と違って、物理的なサーバを完全に模すのではなく、隔離された環境で動かすだけのものです。
　そのため、CPUやメモリといったサーバリソースが少なくて済みます。

　メリットはそれだけではなく、障害発生時の"リカバリ時間の短縮"をはじめ、開発や運用の"ヒューマンリソースの効率化"にまで及んでいます。
　こうした効率化は多岐に及ぶため、技術を習得すれば非常に高いパフォーマンスを発揮できるものの、そこに至るにはコンテナ型仮想化技術を充分に知る必要があります。

＊

　今回、「Docker」を用いてコンテナ型仮想化技術を学習しますが、単なるDockerの使い方を説明するだけでなく、読者の方に実際に操作してもらい、技術として習得することを目標にしています。

　また、本書ではWindowsのPCにLinuxサーバを構築するところも含めて解説します。そのため、まだLinuxや仮想サーバに慣れていない方でも、構築を通じて基本を学び、Dockerの学習に入ることができます。

　Dockerの学習では、入力すべき「コマンド」と、その「結果」も極力載せており、自分で入力した際の結果と比較して、答え合わせができるようにしています。
　本書を読み終えたときには、Dockerで「アプリケーションサーバ」を構築する必要最低限の知識が、きっと身についていることでしょう。

　そのころには、自分が興味をもったアプリケーションサーバを構築して学習したり、独自のイメージを作ったりといった、次の目標が自然とでき、皆さん自身の力で学べる力もついていると思います。
　そうしたときにも、本書の知識が少しでも役に立てれば幸いです。

＊

　今回の改訂にあたり、現在のOS状況に合わせたほか、Appendixを大幅に強化し、「Docker Desktop for Windows」についての記述を追加しました。

浅居　尚

自宅ではじめる Docker入門 [改訂版]

CONTENTS

●各製品名は、一般的に各社の登録商標または商標ですが、®およびTMは省略しています。

第1章

Dockerのポイント

「Docker(ドッカー)」は、コンテナ型の仮想化ソフトです。

従来の仮想化ソフトに比べて、CPUやディスクメモリのリソース消費が少なく、1台の物理マシンで、より多くのサーバを動作させることができます。

この第1章では、「Docker」の概要と、学習のポイントを説明します。

1-1　仮想サーバより軽量な、コンテナ型の仮想技術、Docker

「Docker」は、Docker社が提供する、オープンソースの「コンテナ型 仮想化ソフト」です。

＊

「仮想化」とは、実際のマシンを用意しなくても、"仮想的にパソコンやサーバを作れる仕組み"です。

パソコンやサーバの中に、もう1つマシンを作るようなイメージで考えるといいでしょう。

Dockerは、その仮想化を、「コンテナ型」で行ないます。

■ Dockerとコンテナ

Dockerの本を手に取っている読者の皆さんなら、一度はDockerのロゴマークを見たことがあると思います。

クジラの背中に、たくさんのコンテナが乗っているロゴマークです(図1-1)。

図1-1　Dockerのロゴマーク

　Dockerを説明する上で、この図は大きな意味をもっています。

　現実の世界における、船に乗せられたコンテナを想像してみてください。

　コンテナはお互いが隣接しながらも、一つ一つが独自の空間をもち、相互に隔離されています。

　たとえば、あるコンテナの中でひどい荷崩れがあったとしても、その影響は、その"コンテナ内のみ"にとどまり、隣のコンテナや土台の船には影響を及ぼすことはありません。

　このイメージで、Dockerの「ベース・プログラム」を船(クジラ)に、アプリケーションとなる、それぞれのプログラムをコンテナとして見立てたのが、このロゴマークです。

＊

　このロゴマークを、コンピュータ側の視点から見てみましょう。

　コンピュータからの視点で見ると、コンテナとは、「隔離されたプログラム実行環境」です。

＊

　1つのDockerの上には、たくさんのコンテナを作ることができます。

　その場合、それぞれのコンテナは互いに影響を受けず、隔離された実行環境となります。

つまり、Dockerは、"仮想的に「実行環境」が作れるだけでなく、その「実行環境」を、コンテナ単位で分けて作れる"、ということです。

■ 1アプリ＝1コンテナで構成する

コンテナには、それが実行されている「マシン」（Dockerが稼働しているコンピュータ）とやり取りするだけの、最低限の機能しか含まれていないため、とても軽量です。

Dockerを使うときは、この性質を利用して、それぞれのコンテナの差し替えが容易であるように、「1アプリ＝1コンテナ」で構成するのが慣例です。

＊

たとえば、データベースを使ったWebシステムを構築するときは、「**Webサーバを担当するコンテナ**」と「**データベースサーバを担当するコンテナ**」の2つのコンテナを動かして、それぞれが互いにやりとりして、1つのシステムを構成するようにします。

そうすると、あとで(1)Webサーバだけをアップデートしたり、(2)データベースサーバだけをアップデートしたり、(3)別のものに入れ替えたりすることが簡単になります（図1-2）。

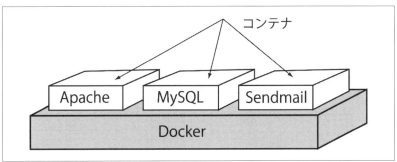

図1-2　1アプリ＝1コンテナで構成する

■ コンテナの基は配布されている

コンテナは、「**イメージ**」と呼ばれるものから作ります。

インターネットには、公式の開発元や有志が作ったイメージが、「**Docker Hub（ドッカーハブ）**」と呼ばれる場所に登録されています。

*

たとえば、「Ubuntuがインストールされたイメージ」「WebサーバのApacheがインストールされたイメージ」「データベースソフトのMySQLがインストールされたイメージ」…などです。

「ブログソフトのWordPressがインストールされたイメージ」など、すぐに使えるソフトウェアが、あらかじめ入っているイメージもあります。

こうしたイメージをダウンロードして使えば、自分で設定しなくても、コマンド一つで、そうした機能を動かすことができます（**図1-3**）。

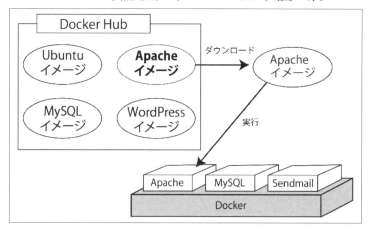

図1-3　Docker Hubからイメージをダウンロードしてコンテナを作る

■ カスタムのコンテナ作成やアップデートも簡単

Docker Hubに登録されている、既存のイメージからコンテナを作るだけでなく、起動したコンテナに対して、カスタムの設定をしたり、追加のソフトをインストールすることもできます。

カスタム化することで、オリジナルのイメージを作ることができます。

基のイメージがアップデートしたときには、そのアップデートを簡単に取り込むこともできます。

■ サーバ運用に最適

Dockerには、次世代を考慮したサーバ運用のためのノウハウも盛り込まれています。

Dockerにおいて、アプリケーションのデータを保存する部分は、コンテナとは別に分けられています。
そのためデータを消すことなく、コンテナを破棄して、再構築することが簡単にできます（**図1-4**）。

*

たとえば、アプリケーションに異常があったときには、コンテナを破棄して再構成すれば、クリーンインストール状態で復帰できます。

また、バージョンアップの必要があるときも、コンテナを破棄して、バージョンアップしたコンテナに差し替えれば、完了します。

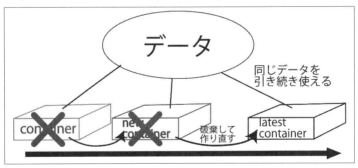

図1-4　データ部分はコンテナとは別の場所で管理する

従来の運用では、アプリケーションの異常時には、システムを停止し、原因解明やリカバリなどで、サーバを元通りにして、復旧する流れでした。

しかし、Dockerでは、異常が発生した場合には、古いサーバの復旧をせ

ず、速やかに新しいサーバを構築し、ダウンタイムを最小にするような流れ
が、根底にあります。

分かりやすく例えると、ネットワーク機器であれば、業務の停止を最小限
にするために、故障したときには、機器を、"修理"するのではなく、新品の
予備機と"交換"して復旧させる、という運用方法があります。
それをサーバ・アプリケーションで行なうような感じです。

■ 仮想マシンと仮想コンテナの違い

仮想化ソフトウェアと言えば、「**VMware**」(VMware 社) や「**Virtual Box**」
(Oracle社)のような「**仮想マシン**」(Virtual Machine)が有名です。

Docker も、こうした仮想マシンも、どちらも仮想的な実行環境を作る技術
ですが、その仕組みは大きく異なります。

①仮想マシンの場合
仮想マシンは、"コンピュータそのものを仮想的に作り出す"もので、ハー
ドウェアのエミュレートをしていて、物理的なマシンと同じ仕組みで動きま
す。
そのため動作は遅くなります。

物理的なマシンを動かすのと同じように、仮想化されたそれぞれのコン
ピュータにOSをインストールし、その上でアプリケーションが実行されま
す(図1-5)。

仮想マシンを動かしている物理的なマシン上のOSのことは、「ホストOS」
と呼びます。
それぞれの仮想マシンにインストールしたOSのことは、「ゲストOS」と呼
びます。

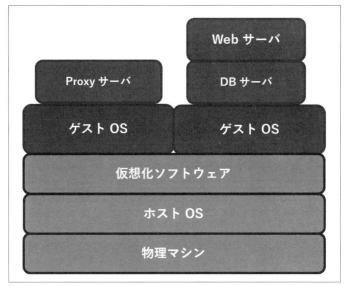

図1-5　仮想サーバのアプリケーション・サーバの概念図

仮想サーバでは、隔離されたアプリケーションを動かすのにOSが1つ必要となる。

②コンテナの場合

　コンテナは仮想サーバと違って、ハードウェアをエミュレートしません。
そして、コンテナには、OS本体も含まれていません。

　コンテナに含まれているプログラムの実行は、ホストOSが行ないます。

　たとえば、「WebサーバのApacheが含まれているコンテナ」を実行した場合、
ホストOSが、そのApacheのプログラムを、隔離された場所で実行します。

　つまり、別のOSを起動するわけではないため、OSのオーバーヘッドがな
く、メモリの消費量が、格段と少ないのが大きな特徴です(図1-6)。

　この後に出てきますが、Docker Hubからダウンロードできるイメージに
は、UbuntuイメージやCentOSイメージなどがあります。

　これらはOS自体が入っているのではなく、そのOSを構成するコマンドや
ライブラリなどの、"プログラム一式"が入っているにすぎません。

　変な話ですが、UbuntuでDockerを稼働させ、その上でCentOSのコンテ
ナを動かしたとします。

　すると、そのCentOSコンテナの中のコマンドは、そのコンテナに含まれ
ているライブラリとコマンドが、Ubuntu上で実行されています。

　こうした仕組みなので、Dockerは、Linux環境でしか動きません。

　つまり、Dockerの上でWindowsのコンテナを動かすことはできませんし、

そもそも Windows で Docker を使うことはできません。

Windows では、Linux のプログラムを実行することはできないからです。

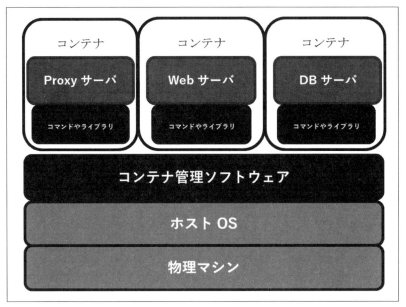

図1-6　コンテナ型仮想サーバのアプリケーション・サーバの概要図

コンテナにはOSが含まれておらず、ホストOS上で実行されるLinuxでしか使えない。

■ Dockerのメリットとデメリット

これまで説明してきたことを、それぞれメリット、デメリットとしてまとめておきましょう。

● Dockerのメリット

Docker のメリットは、**軽量でありながら、それぞれの環境を隔離できる**ことです。

そのため、次のようなことができます。

①アプリが互いに影響を及ぼさない

1 台のサーバに Apache も MySQL も、そして、その他のソフトウェアも一緒にインストールしたとします。

すると、あるソフトをインストールしたときに、ライブラリの依存関係な

どで、他のソフトウェアに影響を及ぼす可能性があります。

　しかし、コンテナで隔離しておけば、互いに影響を及ぼさないので、安全です。

②保守・運用コストを下げられる

　コンテナは、取り替えることが自在です。

　バージョンアップするときでも、そのコンテナを止めて、新しいものに交換するだけでいいので、保守が簡単です。

　従来、こうしたメリットは、仮想マシンを構築することで実現していました。

　しかし、仮想マシンはOSを含んでいるので、オーバーヘッドが大きく、動作が遅くなるばかりか、そのOSのアップデートや保守が必要になるため、仮想マシンの数だけ保守が必要になってしまいます。

　その点、コンテナにはOSを含まないので、保守すべきOSは、ホストOSのみです。

　ですから、全体の運用コストを大きく下げられます。

●Dockerのデメリット

反面、コンテナにはデメリットもあります。

①Linux以外の環境で動作しない

　一つ目のデメリットは、Linux以外の環境では動作しないことです。

②ハードウェアに依存する、一部のコマンドが動作しない

　もう一つのデメリットは、ハードウェアをエミュレートしているわけではないので、ハードウェアにアクセスする、一部のコマンドが動作しない点です。

　具体的に言うと、たとえば、ディスクを直接フォーマットするフォーマット・コマンドなどが使えません。

　また、当たり前ですが、コンテナの中では、シャットダウンしたり再起動したりするコマンドが使えません。

　そして、サービスと呼ばれる自動実行するプログラムを起動する方法が少し違うこともあり、Dockerに合わせたコマンドに、いくつか変えないといけない場面もあります。

1-2　Dockerを動かすための環境

それでは、Dockerを使うためには、どのようにすればいいのでしょうか。

その環境を説明します。

■ Dockerを使うのに必要な要件

Dockerを使うためには、次の2つの要件が必要です。

①CPUに仮想化支援機能が必要

Dockerは、仮想システムを利用したものです。

ですから、CPUに「仮想化支援機能」が必要となります。

Intel社のCPUならば、「Intel VT-x」、AMD社のCPUならば「AMD-V」と呼ばれる機能が相当します。

また、これらの機能を使うためには、マザーボードも対応している必要があります。

Intel VT-xやAMD-Vは、Windows 7のXPモードを使うのに必要であったことから、Windows 7以降のパソコンであれば、大半は対応していると思われます。

②Linux環境が必要

執筆時点（2021年2月）では、Dockerは、Linux環境でのみ動作します。

そのため、基本的には、OSとしてLinuxがインストールされたパソコンやサーバが必要になります。

普段、使っているパソコンが、WindowsやMacならば、Linuxがインストールされたものが、別に必要だということです。

■ Dockerを使うには

Dockerを使うにはLinuxが必要ですが、今日では仮想化技術も進化しており、必ずしも物理マシンとして、Linuxがインストールされたパソコンやサーバが必要とも限りません。

Dockerを実際に使いながら学習するには、主に、次の**3つの方法**があります。

①学習用の物理マシンを用意する

物理マシンとして、Linuxをインストールしたパソコンやサーバを用意する方法です。

非常にシンプルで分かりやすいですが、もう一台パソコンが必要になるので、なかなか難しいかもしれません。

しかし、もっとも実際に使う環境に近い状態で、学習できます。

②普段、使っているパソコン上に、仮想マシンを用意する

WindowsまたはMacのパソコンに、仮想マシンを用意します。

「仮想マシン」は「仮想マシンソフトウェア」で作れますが、代表的なものとしてOracle社の「Virtual Box」があります。

その仮想マシンにLinuxをインストールし、Dockerを入れます。

仮想マシンは、パソコン上に、もう一台のパソコンを作るようなものなので、メモリやストレージ（HDDやSSD）を多く使いますが、手軽に学習できる、というメリットがあります。

仮想マシンを使うためのハードウェア要件として、仮想化支援機能が必要ですが、もともとDockerを動かすのにも必須なので、問題ないでしょう。

③Windowsマシンに「Docker Desktop for Windows」をインストールする

Docker社が提供している「Docker Desktop for Windows」というソフトをインストールする方法です。

これは実質的に「Docker Toolbox」「Docker for Windows」の後継としての扱いになります。

＊

この方法が、Windows環境でインストールする場合には、いちばん容易かと思われますが、導入にはややシステム要求が高めです。

その理由は、「Docker Desktop for Windows」を使用するには「WSL2」(Windows Subsystem for Linux 2)がインストールされている必要があるためです。この「WSL2」をインストールするために

(a) Windows 10 version 2004以降であること
(b)「SLAT」という、第二世代の仮想化支援機能が実装されていること

という、比較的新しいOSバージョンおよびCPU機能が実装されている必要があります。

ただし、前身の「Docker for Windows」では「Hyper-V」を使用するためWindows 10 であってもProfessional版もしくはEnterprise版である 必要がありました。

「Docker Desktop for Windows」では「WSL2」を使用するためWindows 10 Homeであっても使用可能である点は学習する上で、利便性が向上された点となります。

本書では実際の運用に近い、リモート先にあるLinux OS上でDockerを動かす形、つまり操作端末（Windows）とリモート先のホストOSサーバ（Linux）とその上で動作するコンテナ（Docker）の３つが分かれている形で説明を行なっていますが、システム要件を満たすPCをもっていて、よりお手軽にDockerを学びたい場合には「Docker Desktop for Windows」をインストールして学習することも可能です。

「Docker」は基本的にホストOSの環境に依存しないため、ホストOSの種類によらず同じ動作をします。

ただし、「Docker Desktop for Windows」を用いて本書を学習する際には、操作端末＝ホストOSサーバ（WSL2）とその上で動作するコンテナ（Docker）の形となり、ホストOSをリモートではなく直接操作で操作する形となるので、若干本書の記載内容の読み替えが必要になる部分が出てきます。（詳細はAppendix参照）

しかし、コンテナやイメージの状態を「dashboard」というGUI画面を通して確認できたり、コンテナの削除などの一部の操作はdashboard上でできるなど、Windows版ならではの便利な側面もあります。

本書のAppendixにあるようにLinuxサーバを用意してインストールするのが難しい場合や、dockerだけに集中したい場合には、こちらを選択するのも一つの手となります。

■ VirtualBoxにインストールしたLinuxでDockerを使う

前節で説明したように、Dockerを使うには3つの方法がありますが、本書では②のVirtualBoxを使った方法で、学習を進めていきます。

具体的な手順としては、VirtualBoxで仮想マシンを作り、その仮想マシンにLinux(Ubuntu)をインストールします。

■ 学習環境の準備(VirtualBox上に、仮想のLinuxサーバ作成)

[1] WindowsパソコンにVirtualBoxをインストール
[2] VirtualBoxにLinux(Ubuntu)パソコンを構築

仮想マシンの中に、Dockerの仮想環境を作る、"入れ子状態"になるので、少しややこしいですが、迷子にならないようについてきてください(図1-7)。

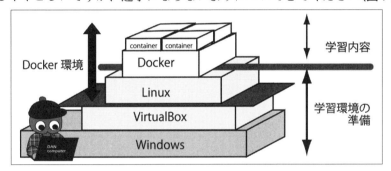

図1-7　VirtualBoxにLinuxをインストールしてDocker環境を作る

＊

VirtualBoxをインストールして仮想マシンを作ると、自分のパソコンの中に、あたかも新しいサーバが作られたようになります。

このサーバは、単独で動作しているように見えて、ネットワーク接続などもできるようになります。

そこで、このVirtualBox上のLinuxを操作するときは、Windowsマシンから、ネットワークで接続して操作するようにします。

具体的には、Windowsに「**Tera Term**」という「ターミナルソフト」をインストールし、そこから「**SSH**」という方法で接続して、操作します(図1-8)。

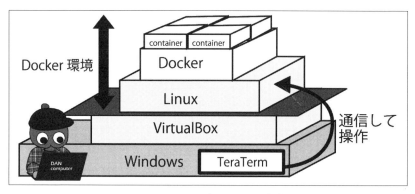

図1-8　VirtualBox上のLinuxを操作する

■ Linux環境でDockerを使う流れ

Linux環境を整えた後、Dockerを使うには、以下のような流れとなります。

[1] Linux OSにDockerをインストールする
　各OSのリポジトリから、Dockerのパッケージをインストールします。

[2] Dockerで、作りたいアプリケーションサーバ（コンテナと呼ばれるものに
　なります）のベースとなる、「OSイメージ」をダウンロードする
　Docker Hubから、利用したいOSイメージ（またはアプリが入っているイ
メージ）をダウンロードします。

[3] Dockerでダウンロードしたイメージから、コンテナを作る
　[2]のイメージから、コンテナを作ります。

　さらに**[3]**のあと、そのコンテナにアプリケーションをインストールした
り、インストールしたあとに、それをイメージとして戻したりする操作もあ
ります。

　これらの具体的な手順については、**第2章**で説明します。

1-3　本書の構成

技術を習得するには「**習うより慣れよ**」ということわざもあるように、Docker を使いこなすには、実際に操作することが、最も必要なことです。

Dockerを操作できるようになりたいけれど、どこから学習を始めたらよいか分からない仮想コンテナ技術を勉強するために、実際にDockerで仮想コンテナを作って検証したい、という人も多いでしょう。

＊

本書では、Dockerを実際に操作しながら学んでいきます。

WindowsマシンにOracle社のVirtualBoxをインストールして、仮想Linuxマシンを構築し、Dockerをインストールするところからはじめます。

できるだけLinuxに入力するコマンドも記載していくので、Linuxに慣れていなくても安心してください。

ターミナルソフトであるTera Termをインストールし、そこからサーバを操作する方法についても扱います。

■ 学習の題材

学習の題材としては、Webサーバの Apache やリバースプロキシサーバとして使える「nginx」、データベースサーバの「MySQL」など、実用性が高く、多くの業務アプリケーションサーバで使われやすいもので学習します。

本書の**第5章**、**第6章**では、演習課題として、「nginx ＋ Apache」「MySQL ＋ phpmyadmin」「WordPress」「Redmine」といった、実用度の高いオープンソースソフトウェアをピックアップしています。

本書の守備範囲は、Dockerコンテナを起動して使うまでで、そのあとの設定やカスタマイズまでは説明しません。

コンテナを作ってしまえば、設定やカスタマイズはコンテナを使わない場合と、ほとんど変わりません。

Dockerはアプリケーションサーバ（アプリケーション・コンテナ）の「破棄・再構築」が容易です。

"設定を変えては破棄して作り直す"というような試行錯誤して構築してい
く場合には、Dockerを使うと非常に効果的です。

なので、こうしたアプリケーションサーバを構築するときには、ぜひ、
Dockerをうまく活用してみてください。

■ 学習環境と必要なスキル

本書では、学習用マシンとして、一般的な64bit版のWindowsパソコンを
想定し、Microsoft Windows 10の64bit版を用いて進めていきます。

タブレットPCや32bit版のWindows仮想化支援機能のないコンピュータ
（主にXP以前の古いコンピュータ）では動作しない恐れがあるので、ご注意
ください。

本書では、以下のようなスキルをもつ方を前提としています。

・Windows OSについて、一般的な操作、およびアプリケーションのイン
　ストールができる。
・Linux OSについて、コマンドラインを使い、ファイルの作成やディレ
　クトリの移動といった、一般的なOS操作ができること、および本書の
　説明に沿ってコマンド操作が行なえること。

本書では、Windowsの一般的操作は十分にでき、Linuxについては多少の
操作経験がある若手〜中堅技術者の技術レベルを想定しています。

ただし、Linuxに関して、本書では、(1) LinuxのOS構築からLinuxへの
アプリケーションインストール、そして(2) Dockerの操作とLinuxを広く操
作します。

しかし、おそらく読者の方においては、運用のみで構築の経験がない、ま
たはその逆や、Linuxを学んでいるが、研修や独学のみで実務経験がなく、
深い部分が分からない…など、さまざまなレベルの方がいると思います。

そうしたスキルレベルや範囲に差があることを考慮して、本書ではLinux操
作は、基本的なコマンドや内容であっても、極力省略しないようにしています。

第2章

Dockerを実際に動かそう

> 2章では、Dockerのインストールからイメージの入手コンテナの起動まで、Dockerの基本を一通り説明します。

2-1 2章の流れ

ここからは、実際にDockerを操作していきます。

Dockerは、Linuxでしか動作しません。

そこで「1-2 Dockerを動かすための環境」で説明したように、本書では、WindowsパソコンにOracle社の「VirtualBox」をインストールし、"仮想の「Linux (Ubuntu) サーバ」"を作って、その上でDockerを使います。

この構成を、図2-1として再掲します。

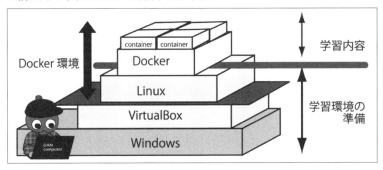

図2-1 VirtualBoxにLinuxをインストールしてDocker環境を作る（再掲）

■ 学習環境の準備

まずは、WindowsにVirtualBoxをインストールして、そこにLinuxをインストールします。

本書では、Linuxとして「Ubuntu」を使います。

*

具体的な操作は、次の手順の通りです。

---

[1] Windows パソコンに、VirtualBox をインストール
[2] 「VirtualBox」に、「Linux (Ubuntu) サーバ」を構築

この2つの操作に、Docker固有の操作はなく、VirtualBoxでLinuxを使うときの、一般的な操作です。

■ Docker のインストールと起動

Linux (Ubuntu) が使えるようになったら、そこからはDockerの操作となります。

2章では、Ubuntu が入ったコンテナを起動します。

つまり、Linux (Ubuntu) サーバの上に、別のUbuntu が入ったコンテナを実行していきます。

*

その手順は、次の通りです。

---

[1] Linux (Ubuntu) に、Docker をインストールする
[2] Docker Hub から、Ubuntu が入っている Docker イメージを入手する
[3] [2] の Docker イメージから、コンテナを作る

上記の操作をすると、Ubuntu が入ったコンテナが起動します。

2章では、さらに、こうして作ったコンテナに対して、次の操作をします。

---

[4] コンテナに追加パッケージをインストール
[5] [4] のようにパッケージをインストールしたコンテナをイメージに変換し、以降、そのイメージを使うことで、追加パッケージがすでに入ったコンテナを起動できるようにする。

---

*

一見すると難しそうですが、各場面でどのように操作すればいいか、細かく説明を入れています。

また、実践を通じて、Docker全体の理解を深められるように解説しています。

そのため、Linuxにあまり慣れていない方でも、学習できるはずです。

2-2　Linuxサーバに、Dockerをインストールする

それでは、はじめていきましょう。

■ Linuxサーバを用意する

まずは、Linuxサーバを用意します。

本書では、VirtualBox上にLinuxサーバを用意し、そこにDockerを入れます。

VirtualBoxのインストール方法や、Linuxサーバの作り方は、Dockerとは
関係ない操作です。

> ※そこで、実際の操作については、巻末のAppendixに記載しました。
> そちらを見て、VirtualBoxやLinuxのインストールを進めてください。
>
> Appendixでは、Linuxサーバと通信して、操作するためのSSHクライアントと呼ばれ
> るソフトであるTera Termをインストールします。
>
> そして、ネットワーク通信できるようにするための、VirtualBoxのネットワークの設定
> 変更についても記載しています。
>
> それらも行なって、学習環境を整えてください。

Column　Ubuntu以外でも、Dockerを動かせるのか

本書では、Ubuntu Server で Docker を使いますが、RedHat や CentOS、
Debian など、他のディストリビューションも Docker に対応しています。
それらのディストリビューションも使うことができます。

■ Linux(Ubuntu)サーバの環境を整える

VirtualBoxで、「仮想マシン」としてLinuxサーバを用意したなら、その「仮
想マシン」を立ち上げ、下記の「ユーザー名」と「パスワード」でログインしてく
ださい。

Appendixに記載した手順で、インストールする場合のユーザー名とパスワード

ユーザーの種類	ユーザー名	パスワード
一般ユーザー	user01	pass01

Dockerのインストールなど、以下で行なう操作には、「root権限」が必要です。

　今回、LinuxのOSとして使うUbuntuでは、rootユーザーではなく、一般ユーザーとしてログインし、「sudo」コマンド（コラム参照）を使って、root権限の操作をします。
　そこで、以下、本書では、root権限が必要な操作は、sudoコマンドを使うことにします。

（Column）sudoコマンド

　「sudo」は、"一時的にroot権限でコマンドを実行することができるコマンド"です。
　（「sudo」コマンドが使えるのは、「sudo」ユーザーとして登録されているユーザーアカウントのみです。
　Appendix通りの設定をしたユーザーは、「sudo」ユーザーとして登録されています）

　Dockerのインストール、またはDockerのコマンドを扱う際に、操作の大半はroot権限が必要です。
　RedHat系では、「su」コマンドでroot権限に移行できますが、Ubuntuでは、デフォルトのままでは「su」コマンドが使えず、各ログインユーザーが「sudo」を使って、root権限でコマンドを実行することが推奨されています。

　「sudo」コマンドを実行するときは、ユーザー自身のパスワードが求められます。

　Ubuntuでも、設定を変更することで、「su」コマンドやroot権限を直接、使えるようになります。
　本書ではUbuntuの方針としてsudo推奨していることから、「sudo」を使って操作していきます。

　ただし、毎回「sudo」コマンドおよび、パスワードを入力するのは操作性が悪いので、「sudo -i」オプションを使って、一時的にroot権限としてシェルを動かすことで、操作を簡易化しています。

　その方法については、後述の「■sudoコマンドの省略」(p.30)で説明します。

● リポジトリの更新とパッケージの最新化

Ubuntuをインストールしたばかりでは、環境が整っていません。

まず、リポジトリの更新および、パッケージの最新化を行ないます (**図2-2**)。

もし、すでに行なっている場合は、この項目はスキップしてかまいません。

図2-2　リポジトリの更新とパッケージの最新化

---

①リポジトリ情報を更新する

　まずは、Linux のソフトウェアの倉庫とも言える、リポジトリ情報を、最新のものに更新します。

　「apt」コマンドで「update」を指定します。

　「sudo」に続いて入力してください。

```
$ sudo apt update
```

　本書ではUbuntu20.04をベースに解説するので、インストール関係はapt-getではなく、推奨されているaptコマンドを標準として説明します。

②パッケージを最新化する

　続いて、パッケージも最新化します。

「apt」コマンドで、「upgrade」を指定します。

```
$ sudo apt upgrade
```

■ Dockerをインストールする

最新の状態になったら、続いてDockerをインストールしていきます。
やはり、「sudo」コマンドを使って、root権限として実行します。

①Dockerのインストール

Dockerをインストールします。

Dockerは、「docker.io」というパッケージ名です。
次のように入力すると、インストールできます。

```
$ sudo apt install docker.io
```

②インストールの確認

インストールが成功したか確認します。

以下のコマンドを入力し、「バージョン番号」が表示されれば、インストールに成功しています。

```
user01@ubuntu:~$ docker -v
Docker version 19.03.8, build afacb8b7f0
```

> ※このように、バージョン番号が表示されないときは、インストールができていません。
> 「インストール時にタイプミスがなかったか」「ネットワークが利用可能か」を確認してください。

■ sudoコマンドの省略

Dockerの操作は、基本的にroot権限を必要とします。

だからと言って、毎回、sudoコマンドを入力するのは、面倒です。

そこで、「sudo」コマンドの入力を省略できるようにしましょう。

*

以下のコマンドを入力してください。

```
$ sudo -i
```

すると、root権限でシェルが起動し、プロンプトが「$」から「#」に変わります。

```
#
```

プロンプトが「#」のときに入力したコマンドは、root権限で実行されるようになります。

> ※ちなみに、元に戻すには、「exit」と入力すると、プロンプトが「$」に戻り、sudo前の権限に戻ります。

Column　RedHat系の場合は？

RedHatやCentOSでも、インストールの流れは同じです。

*

まずは、

```
$ su -
```

でroot権限に移行した後（または以下を「sudo」で実行する）、

```
# yum install update
# yum install -y docker
```

と入力すると、Ubuntuと同様に、Dockerをインストールできます。

　ただし、RedHatやCentOSでは、Dockerが自動的に起動されないため、必要に応じて「systemctl」コマンドを使って、「start」と「enable」にDockerサービスの登録を実施してください。

Column Dockerのインストーラ

本書では、「docker.io」(CentOSでは「docker」)をインストールしています。

これらは、UbuntuやCentOSで、"標準化されているバージョン"です。
インストールが容易なので、本書の学習ではこれを使っています。

＊

これとは別に、Docker公式として「**docker-ce**」(Community Edition)と
「**docker-ee**」(Enterprise Edition)があります。

これらはDocker公式なので、本家のDocker です。

「CE」は"無償で使用可能なエディション"、「EE」は"有償のエディション"
です。

＊

こうした公式のDockerを使う方法もありますが、これらをインストール
するには、手動でリポジトリを設定する必要があり、インストールにひと手
間かかります。

詳細な説明は公式ページにて確認できますので、簡単な流れのみ説明します。
(https://docs.docker.jp/engine/installation/linux/docker-ce/ubuntu.html)

1.aptコマンドがhttpsを通してリポジトリを使えるようにする

```
sudo apt-get install ¥
    apt-transport-https ¥
    ca-certificates ¥
    curl ¥
    software-properties-common
```

2.Docker公式のGPG鍵をセットアップ

```
curl -fsSL https://download.docker.com/linux/ubuntu/gpg |
sudo apt-key add -
```

3.リポジトリの登録

```
sudo add-apt-repository ¥
    "deb [arch=amd64] https://download.docker.com/linux/ubuntu ¥
    $(lsb_release -cs) ¥
    stable"
```

4.パッケージのアップデート

```
sudo apt-get update
```

5.Docker-ceのインストール

```
sudo apt-get install docker-ce
```

6.インストール後バージョン確認し、インストールされていることを確認

```
user01@ubuntu:~$ docker -v
Docker version 20.10.3, build 48d30b5
user01@ubuntu:~$
```

図2-A　Ubuntuインストール後の確認

*

　公式のDockerはUbuntuやCentOSのディストリビューション標準の
Dockerより新しいものが提供されていることが多いです。

　たとえば、2021年2月時点では、Ubuntuの標準のDockerはバージョ
ン19.03ですが、公式は20.10でした。

　また、UbuntuやCentOS標準のものであっても、OS間でリリース時期
に差が生じることもあります。

　そのため、開発環境で、さまざまなディストリビューションのLinuxを
扱う場合では、バージョン差から生じるトラブルを避けるために、公式ビ
ルドで、開発環境上のDockerを統一する、というのも一手です。

2-3　　Dockerの基本 イメージについて学ぶ

　「Docker」を使う準備が整ったところで、いよいよDockerをはじめていき
ましょう。

■ イメージとコンテナの関係

　「Docker」は、「コンテナ」と呼ばれる、他のアプリケーションやホストOS
と、隔離された領域で、Apacheなどのアプリケーションの入ったプログラム
を動作させます。

*

　コンテナは、「コンテナ船」によく例えられ、"Dockerという船上に、それ
ぞれのコンテナがたくさん乗っているような形"です。

　コンテナを作るには、そのコンテナの元となる「イメージ」が必要です。

イメージとは、コンテナを構成するための、ライブラリやコマンドなどが格納された「パッケージ」です。

「イメージ」を簡単に例えると、「製品」を作るための設計図と、「料理」を作るためのレシピといったところでしょうか。

イメージからコンテナを作ると、そうしたライブラリやコマンドが展開され、コンテナができるのです（図2-3）。

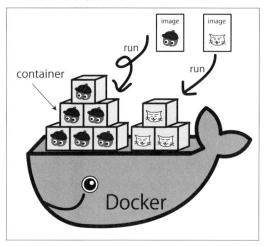

図2-3　Dockerイメージコンテナの関係

現在は、まだDockerという船を用意しただけです。

次に、イメージを用意します。

■ OSイメージを取得する（docker pull コマンド）

これから皆さんは、コンテナを作っていきます。

コンテナの基となるイメージは、「Docker Hub」と呼ばれる場所に登録されています。

公式のイメージや有志が作ったイメージなど、たくさんのイメージがあります。

UbuntuやCentOSなどのOSのイメージ、ApacheやMySQLなどがインストールされたイメージなど、さまざまなものがあるので、使いたいものを取得します。

Dockerでは Docker Hub 以外の場所に置いたイメージから、コンテナを作ることもできます。

*

今回は、Ubuntuのコンテナを作ってみましょう。

Ubuntuのコンテナというのは、Ubuntuを構成するライブラリやコマンドが格納されたコンテナです。

このコンテナを起動すると、"あたかも独立した1台のUbuntuサーバ"のように使うことができます。

● Dockerイメージの取得コマンド

まずは、Docker Hubから、Dockerイメージを取得します。

イメージ取得のコマンドは、「docker pull」です。
書式は、以下の通り。

【Docker Hubからイメージを取得するコマンド】

`docker pull イメージ名[:タグ名]`

今回は、UbuntuOSのコンテナを作りたいので、UbuntuOSが入ったイメージ名を指定します。

UbuntuOSが入ったイメージは、たくさんあるのですが、公式のイメージ名は「ubuntu」です(p.39のコラムを参照)。
イメージ名は、すべて**小文字**です。

● イメージのタグ

それぞれのイメージには**タグ**という値が付けられていて、イメージ名の後ろに「:」で区切って指定します。

タグは、いわゆるバージョン番号のことであり、作成者によって付与されています。

「docker pull」コマンドでは、タグを指定することも、省略することもでき

ます。

　省略したときは、「latest」(最新版)を指定したことになります。

　つまり、「docker pull ubuntu」は、「**docker pull ubuntu:latest**」と同じです。

```
● Dockerイメージをダウンロードする
```

　実際に、ダウンロードするコマンドを入力しましょう。

手　順　UbuntuOSのDockerイメージをダウンロードする

[1] ubuntuイメージをダウンロードする

　次のコマンドを入力します。

```
# docker pull ubuntu
```

[2] 確認する

　図2-4のようにダウンロードされます。

　無事ダウンロードできたでしょうか。

```
圖 192.168.56.2 - root@ubuntu: ~ VT
ファイル(F)　編集(E)　設定(S)　コントロール(O)　ウィンドウ(W)　ヘルプ(H)
root@ubuntu:~# docker pull ubuntu
Using default tag: latest
latest: Pulling from library/ubuntu
124c757242f8: Pull complete
9d866f8bde2a: Pull complete
fa3f2f277e67: Pull complete
398d32b153e8: Pull complete
afde35469481: Pull complete
Digest: sha256:de774a3145f7ca4f0bd144c7d4ffb2931e06634f11529653b23eba85aef8e378
Status: Downloaded newer image for ubuntu:latest
root@ubuntu:~# █
```

図2-4　docker pull ubuntuを実行したところ

　最後に、以下のような内容が表示されれば、正しくダウンロードできています。

```
Status: Downloaded newer image for ubuntu:latest
```

　これでDocker Hubから、自分のPC上のdockerに、ubuntuイメージの最新版(latest)がダウンロードされました。

Column   **Docker 上の OS について**

　ここでは、ホスト側 OS も docker pull でダウンロードしているイメージ
も、どちらも Ubuntu を使っています。

　しかし、ホスト OS と「コンテナの OS」は、違うものでもかまいません。

　　　　　　　　　　　　　　　＊

　たとえば、ホスト OS 側に CentOS を入れたとしても、Docker 上で
ubuntu イメージを「pull」して、利用することが可能です。

　ホスト OS 側が Ubuntu であっても、CentOS であっても、Docker が pull
してくる ubuntu のイメージは、完全に同じです。

　図 2-B は、ホスト OS が Ubuntu の場合と、CentOS の場合ですが、どち
らも同じイメージ ID をもっています。

　イメージ ID が同じであることは、その 2 つのイメージが、"同一のデー
タ"であることを意味しています。

```
DISTRIB_DESCRIPTION="Ubuntu 16.04.5 LTS"
root@ubuntu:~# docker images -a
REPOSITORY          TAG               IMAGE ID          CREATED          SIZE
ubuntu              latest            cd6d8154f1e1      3 weeks ago      84.1 MB
```

```
[root@localhost ~]# cat /etc/redhat-release
CentOS Linux release 7.4.1708 (Core)
[root@localhost ~]# docker images -a
REPOSITORY          TAG               IMAGE ID          CREATED          SIZE
docker.io/ubuntu    latest            cd6d8154f1e1      3 weeks ago      84.1 MB
```

図2-B　Ubuntu ホストで ubuntu イメージを取得したところ（上）
CentOS ホストで ubuntu イメージを取得したところ（下）

　これは、ホスト OS の違いに関係なく、"Docker 上で同じイメージが、同
じように扱える"ことも意味しています。

　　　　　　　　　　　　　　　＊

　たとえば、ホスト OS が Ubuntu である、開発用 PC で作った Docker のイメー
ジを、本番用の RedHat サーバ上の Docker でそのまま動かすこともできます。

　そして、それは、"開発環境と本番環境での、ドライバなどの OS 部分の
差異の影響を、Docker が受けない"ということも意味しています。

　つまり、アプリケーション・コンテナの作成では、"ドライバや OS のリ
ビジョンに振り回されることなく、アプリケーションのみに専念できる利
点"があります。

■ 取得したイメージを確認する (docker images コマンド)

では、先ほど取得したイメージの、中身を確認してみましょう。

● イメージの中身を確認する

イメージの中身を確認するには、自分のもつイメージリストを表示するコマンドを使います。

書式は、以下の通りです。

【イメージの中身を確認するコマンド】

```
docker images [オプション] [イメージ名[:タグ]]
```

手 順 イメージの中身を確認してみる

[1] イメージの中身を確認する、コマンドを入力する

今回は、「-a」オプションを付けて、次のように実行します。

タグは指定しないものとします。

＊

以下のように、入力してください。

```
# docker images -a
```

[2] 結果を確認する

コマンドを実行すると、図2-5のような内容が表示されます。

これは、現在、自分のdockerの中にある、イメージの一覧を示したものです。

```
root@ubuntu:~# docker images -a
REPOSITORY          TAG                 IMAGE ID            CREATED             SIZE
ubuntu              latest              cd6d8154f1e1        3 weeks ago         84.1 MB
```

図2-5 「docker images -a」を実行したところ

「-a」オプションは、自分のdocker内の、すべてのイメージの一覧を表示するものです。

そのため、このコマンドの結果として、「pull」したubuntuがリストアップされています。

今は、まだ「pull」したばかりのイメージしかないので、「-a」オプションを指定しなくても同じ結果です。

しかし、dockerを運用する過程では、「pull」したイメージ以外に、「**中間イメージ**」というものが作られます。

「-a」オプションを付けたときは、中間イメージも含みますが、付けないときは含まれない、という違いがあります。

● タグを指定する場合

「docker images」コマンドには、**[イメージ名:タグ]**を指定することもできます。

これは、先ほどの「docker pull」と同様、「**イメージ名**」と「**タグ名**」です。

ここで、イメージ名とタグ名を指定すると、その指定したイメージ名とタグ名で、**絞り込み**が行なわれます。

絞り込みには、ワイルドカードも使えます。

＊

たとえば、「docker images -a *:latest」と入力すると、最新版(タグ名がlatest)の全リストを表示する、というような使い方もできます。

● docker imagesコマンドの項目の意味とオプション

「docker images」コマンドの項目の見方は、次の通りです(表2-1)。

表2-1　docker imagesコマンドで表示される各項目

項目名	説　明
REPOSITORY	イメージ名称。OS名称などが多く使われる。
TAG	イメージに対するタグ情報。 バージョン情報などに使われる。 また、「pull」後のローカルイメージに対して、別途タグを追加することも可能。
IMAGE ID	イメージに付与されるID。 このイメージIDはイメージごとに生成され、他のイメージと重複することはない。
CREATED	イメージが作られた時期。
SIZE	イメージのデータサイズ。

＊

「docker images」コマンドには、もう一つ重要なオプションがあります。

「**-q**」オプションです。

このオプションをつけると、イメージIDのみ表示します。

dockerでイメージを扱う場合は、イメージIDを指定することが多いのですが、そういった場面でよく使われます。
（具体的な使用例は、【コラム】「イメージを消去する（docker rmiコマンド）」で少し紹介します）

Column　イメージを削除する（docker rmiコマンド）

　dockerは、「pull」によって、さまざまなイメージを手軽に入手できたり、また自分でも作れるので、そのままではイメージでディスクが圧迫されます。

　そこで、イメージ削除のコマンドを説明しておきます。

　dockerのイメージ削除のコマンドは、「**docker rmi イメージ名**」または「**docker rmi イメージID**」です。

　イメージ名やイメージIDは「**docker images -a**」でそれぞれ「REPOSITORY」と「IMAGE ID」から確認できます（**図2-C**）。

```
root@ubuntu:~# docker images -a
REPOSITORY          TAG               IMAGE ID
ubuntu              latest            cd6d8154f1e1
```

図2-C　docker images -aコマンドを実行したところ

　イメージ名を指定して削除する場合は、次のように入力します。
```
# docker rmi ubuntu
```

　イメージIDを指定して削除する場合は、次のようにします。
　たとえば、本書での環境では、イメージIDは「cd6d8154f1e1」となっていたので、これをこのまま指定したコマンドを、次のように実行します。
```
# docker rmi cd6d8154f1e1
```

　Dockerの操作では、このようにIDで対象を指定する場面が、多々あります。

　しかし、ほとんどの場合は、IDをすべて入力する必要はなく、Docker側が一つに特定できるレベルまで入力すれば充分です。

ほとんどの場合、最初の3文字程度（上記の場合であれば**cb6**）を入力すれば充分だと思います

*

なお、未使用（コンテナから参照されておらず、タグ付けもされていない）イメージを、全部削除することもできます。

そうしたいときは、次のように入力します。

```
# docker image prune
```

すると、まとめて未使用のイメージがすべて削除されます。
（こちらのコマンドは「images」ではなく「image」です。記述に注意してください）

Column 「Docker Hub」と「イメージ」

「Docker」で、「イメージ」を取得する先である「Docker Hub」ですが、こちらには、多くの「Docker ユーザー」が作った「イメージ」が公開され、利用されています。

本書では割愛しますが、「Docker アカウント」を入手すれば、皆さんも作った「イメージ」を公開し、ほかの人に使ってもらうことができます。

*

「Docker Hub」の様子は、Web サイト（https://hub.docker.com/）にアクセスすると、分かりやすいと思います。

この章で「pull」した「イメージ」は、「ubuntu イメージ」ですが、この「ubuntu イメージ」について知りたい場合には、こちらにアクセスして、画面上端の検索欄から検索してみましょう（**図2-D**）。

検索は画面上端にある虫メガネのアイコンのある検索欄に「ubuntu」と入力して行います。（検索のみなら sign in は不要です）

すると、イメージ名に「ubuntu」を含む、たくさんのイメージがヒットします（**図2-E**）。

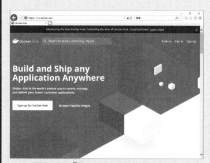

図2-D 「Docker Hub」のサイト

図2-E_「ubuntuイメージ」に関する
情報を確認する

　このリストについて、いちばん上のものを見てみましょう。

　「ubuntu」と書かれたリストの右肩に「Official Image」と表示されていますが、これはDocker社において「公式」に管理されたものであることを意味しています。

　ユーザも自由にDocker Hubに投稿できることよりubuntuなどのような利用者が多いものは関連する投稿数も多く、また、公開されているイメージも品質は投稿者次第になるため、中には初回に投稿されたまま放置されて更新されないものもあるでしょう。そうなると利用者側にはどれが安心して使用できるイメージなのか分からなくなります。

　そこでDocker社の専属チームがUbuntuなどソフトウェア提供者にイメージやドキュメントの内容を確認し、ドキュメントの記載内容が正しく、イメージも適宜アップデートすることを保証している仕組みがあります。そうしたイメージには「Official Image」がついており、ソフトウェア提供者側との綿密な管理を行なっているためソフトウェア提供者による正規イメージと言っても過言ではないでしょう。Dockerに慣れないうちは「Official Image」のついたイメージを利用するとよいでしょう。

　検索後のイメージ一覧で対象のイメージをクリックしてみると、このイメージに関する情報が表示されます。

　画面の上部では概要が示され、上部右端にはには、このイメージを使うためのコマンドが書かれています。

「docker pull ubuntu」とありますが、まさしく今回、使ったコマンドですね（**図2-F**）。

図2-F 「ubuntuイメージ」の「詳細」を確認したところ

また、画面下部には「DESCRIPTION」「REVIEWS」「TAGS」と書かれた見出しリンクがあります。これらをクリックするとそれぞれ「詳細」「ユーザレビュー」「pull時に指定できるタグ」の情報が表示されます。特に「DESCRIPTION」にはそのイメージの使い方やパラメータオプションの設定方法などが書かれていることがありますので、使い方に迷ったときはこちらをまずチェックするとよいでしょう。

Docker Hubのサイトでは、このようにイメージを検索し、利用方法を知ることができます。

「Official Image」のない、一般投稿によるものについては、公式にはない改良が加えられて、使いやすいものがある一方、悪意のあるイメージもないとは限りません。

「作成者」「ダウンロード数」「評価数」を見て、利用してよさそうなイメージなのか検討しましょう。

2-4　Dockerのubuntuイメージから、コンテナを作る

次に、Dockerの本命とも言える、コンテナを作ります。

■ イメージからコンテナを作る

ダウンロードしたUbuntuOSのDockerイメージである、ubuntuイメージ
を基にし、コマンドをパラメータにセットして、「実行」(run)することで、コ
ンテナが生成されます。

*

コンテナを作るには、「docker run」コマンドを使います。

コマンドの書式は、以下の通りです。

【コンテナを生成するコマンド】

```
docker run ［オプション］ イメージ名[:タグ] ［コマンド］ ［引数］
```

では、さっそくコンテナを生成してみましょう。

次のようにします。

手　順）　コンテナを生成する

[1]コンテナを作る、コマンドを入力する

次のように、「docker run」コマンドを入力します。

```
# docker run -it ubuntu /bin/bash
```

オプションイメージ名タグコマンド引数に関しては、以下の内容とします。

項目	オプション	イメージ名	タグ	コマンド	引数
設定値	-it	ubuntu	（なし）	/bin/bash	（なし）

①**イメージ名**

イメージ名には、ダウンロードしておいたイメージ名を指定します。

つまり、ubuntuを指定します。

②**コマンド**

コマンドは、コンテナを生成した直後に実行したいコマンドです。

ここで指定している「/bin/bash」は、bashシェルです。

ですから、上記のコマンドは、「**ubuntuイメージからコンテナを起動し、コンテナの起動後はシェルを実行しなさい**」という意味になります。

③**タグ**

タグは無指定なので、最新版（latest）が使われます。

タグの意味は、「pull」の説明と同様、主にバージョンを指定する際に使われます。

④**引数**

引数は、コマンド（ここでは「/bin/bash」）に対する引数です。

今回は指定しません。

⑤**オプション**

オプションとして「-it」（これは「-i」と「-t」を合わせたものです）を指定しました。

これは、シェルのような対話型のコマンドを使う際につけます。

簡単に説明するなら、「i」は**標準入力**、「t」は**標準出力**を使う、というものです。

対話型のコマンドで、このオプションを付け忘れると、入力ができなかったり、出力結果が表示されなかったりします。

[2] コンテナが作成される

上記のコマンドを実行すると、「root@（ランダムな数字）」で表示されるプロンプトが表示されたと思います（図2-6）。

```
root@ubuntu:~# docker run -it ubuntu /bin/bash
root@f5d127a6af96:/#
```

図2-6　docker runコマンドを実行したところ

＊

この手順で入力した命令は、ubuntu イメージを使って、bash シェルを使う
コンテナを作る、というものです。

実際に、入力して実行した結果は、プロンプトが表示されていることから、
bash シェルが起動していることが分かると思います。

なお、このときのランダムな数字部分は、**コンテナID** というものです。

すでに気づいた方もいると思いますが、プロンプトの@部分はホスト名で
あり、それが localhost から、コンテナIDに変わっています。

そのため、現在操作している bash シェルは、今、作られたコンテナの中の
OS を操作していることになります。

このコマンド（「/bin/bash」を「-it オプション」付きで実行する）で、コンテ
ナ内を操作することは今後よく出てくるので、よく理解しておいてください。

■ コンテナを終了する

bash が起動している状態で、Linuxのコマンドを入力すると、このubuntu
コンテナに対する操作ができますが、ひとまず、ここでコンテナを終了しま
しょう。

＊

「exit」と入力して、シェルを終了してください。

すると、コンテナが終了し、ホストOS側に戻ります。

```
# exit
```

このように、「docker run」で指定したコマンド（今回は「/bin/bash」）を終了
すると、コンテナも終了（停止）します。

終了したコンテナを再開するには、後述の「docker start」コマンドを使い
ます。

■ コンテナの状態を確認する(docker ps コマンド)

このセクションで学ぶのは、「docker ps」というコマンドです。
"稼働中のコンテナを表示"します。

【コンテナの状態を表示するコマンド】

```
docker ps [オプション]
```

● 稼働中のコンテナを表示する

まずは、オプションなしで、「docker ps」と入力してみましょう。

```
# docker ps
```

実行すると、おそらく「CONTAINER ID」から「NAMES」までの項目名のみしか表示されていないと思います(図2-7)。

```
root@ubuntu:~# docker ps
CONTAINER ID    IMAGE         COMMAND       CREATED       STATUS        PORTS         NAMES
root@ubuntu:~# []
```

図2-7　docker ps コマンドを実行したところ

「docker ps」は、稼働中のコンテナを表示するコマンドですが、先ほど「exit」でコンテナを終了させているので、今、稼働中のコンテナはありません。
そのため、リストには何も表示されない状態となっています。

● 停止中も含めて表示する

では、次に、「-a」オプションをつけて、「docker ps -a」と入力しましょう。

すると、先ほど終了させたコンテナの情報も、リストアップされます。

この「-a」オプションは、"稼働中・停止中の、すべてのコンテナを表示する"オプションです。

```
# docker ps -a
```

このコマンドにより、先ほど終了させたコンテナの情報が表示されます(図2-8)。

```
root@ubuntu:~# docker ps -a
CONTAINER ID    IMAGE        COMMAND        CREATED        STATUS                  PORTS        NAMES
f5d127a6af96    ubuntu       "/bin/bash"    8 minutes ago  Exited (0) 6 minutes ago             infallible_lamport
root@ubuntu:~#
```

図2-8　docker ps -aコマンドを実行したところ

コンテナを生成させた際に、プロンプト（**root@f5d127a6af96**）に表示された、「@」以降のホストアドレス部分は、コンテナIDでしたね。

そして、ここに表示されているCONTAINER IDも同じであることから、先ほど終了させたコンテナだということが分かります。

■ docker psコマンドの結果

「docker ps」コマンドの結果として表示される項目は、**表2-2**の通りです。

表2-2　「docker ps」コマンドの結果として表示される項目

項目名	説明
CONTAINER ID	コンテナID。 コンテナ一つ一つにランダムに生成される。
IMAGE	コンテナの基となっているイメージ名。
COMMAND	このコンテナを実行する際のメイン命令で、「docker run」時に指定したコマンドが表示される。 これが終了すると、コンテナも終了する。
CREATED	いつ、コンテナが生成されたかを表示する。
STATUS	コンテナの状態を表わす。 「Exit」は終了状態、「Up」は起動状態。
PORT	ネットワークのポート番号を表わす。 こちらについては、3章以降で説明。
NAME	コンテナの名前。 こちらは、後程説明しますが、コンテナに名前を付けることが可能。 特に指定がない場合、[形容詞]_[人の名前]がランダムに付く。

● 「docker ps」コマンドの主要なオプション

また、「ps」コマンドは非常に重要ですので、主要なオプションも説明します(表2-3)。

表2-3　docker psコマンドの主要なオプション

オプション名	説　明
-a	稼働中・停止中の、すべてのコンテナを表示する。
-q	コンテナIDを表示する。 「docker images」コマンドで説明したのと同様、主に他のコマンドにIDを引き渡すときに使う。
-l	最後に生成したコンテナ情報を返す。

なお、「-l」オプションについては、次に説明する「docker start」の後で、紹介していきます。

■ 停止中のコンテナを再開する(docker startコマンド)

続いては、「docker start」コマンドを説明します。

これは、"停止中のコンテナを起動する"コマンドです。

「docker start」は、"停止状態のコンテナを起動する"コマンドになります。

● 停止中のコンテナを、再び起動する

先ほど、bashシェルを「exit」で終了したコンテナは、停止状態で残っています。

「docker start」コマンドを使って、このコンテナをもう一度、起動してみましょう。

【コンテナを起動させるコマンド】

```
docker start [オプション]コンテナID
```

「docker start」コマンドを使って、コンテナを起動するには、起動したいコンテナを指定する必要があります。

コンテナは、コンテナIDで指定します。

イメージの説明でも記載しましたが、ここで指定するコンテナIDは、必ずしもすべて書く必要はなく、ユニークに特定できるところ(多くは最初の2〜

3文字程度で可)まで入力すれば、充分です。

手　順　コンテナを再び起動する

[1] コンテナIDを確認する

コンテナのIDは、先ほどの「ps」コマンドで確認できます。

作る度にIDは異なりますが、私の例では「f5d127a6af96」でした。

[2] docker start コマンドを入力する

[1]のコンテナIDを指定して、「docker start」コマンドを入力します。

このとき、標準入出力を使うためのオプションとして「-ai」(「-a」と「-i」の組み合わせ)を指定します。

```
# docker start -ai f5d127a6af96
```

これで、最初に作ったコンテナが再起動し、操作できるようになります。

図2-9のように、「root (/#)」のプロンプトが返ってくれば、正常です。

```
root@ubuntu:~# docker start -ai f5d127a6af96
root@f5d127a6af96:/#
```

図2-9　docker startコマンドで、コンテナを再起動したところ

● docker start コマンドのオプション

少し、オプションの解説をしましょう。

＊

「-i」は、「docker run」で学習したように、標準入力を使う場合に指定するものです。

「-a」はアタッチモードの指定で、これは標準出力を設定し、フォアグラウンドで処理をする、という意味です。

(docker runと違って、-tではないので注意)

なお、アタッチモードの対義語として、デタッチモードというのがあり、バックグラウンド処理で動かすというのもあります。

これについては、「●もうひとつ、コンテナを起動する」(p.54)で説明します。

Column **docker start コマンド応用編**

docker ps コマンドの解説のところで、「-l」という、最後のコンテナ情報を表示するオプションを説明しました。

このオプションと「-q」オプションと組み合わせて「docker ps -lq」とすれば、最後に停止したコンテナのIDが得られます。

そのため、

```
# docker start -ai $(docker ps -lq)
```

とすれば、最後に生成したコンテナをスタートさせることができます。

このように、オプションは組み合わせ次第で、一行に多くの処理をもたせたり、汎用性をもたせたりできます。

■ コンテナを削除する(docker rm コマンド)

続いて、不要になったコンテナを削除する「docker rm」コマンドです。

「2-3 Dockerの基本 イメージについて学ぶ」では、「docker rmi」という、イメージを削除するコマンドを説明しましたが、「docker rm」コマンドは、その"コンテナ版"です。

＊

書式は、以下の通りです。

【コンテナを削除するコマンド】

```
docker rm [オプション] コンテナID [コンテナID] …
```

コンテナもイメージと同じく、運用により、生成と廃棄を繰り返します。

廃棄した不要なコンテナは、定期的にこのコマンドで削除していきましょう。

＊

今回は、オプションなしで、コンテナIDのみを指定します。
（コンテナID部分は、皆さんの環境に適宜合わせてください）

```
# docker rm f5d127a6af96
```

なお、コンテナの削除は、コンテナが停止中のときだけ可能です。

稼働中のコンテナを削除しようとした場合はエラーとなり、コンテナを停止してから削除するように、応答が返ってきます。

● 一括で停止コンテナを削除する

イメージの場合と同じように、「prune」を使って、一括で削除することも可能です。

```
# docker container prune
```

上記のコマンドは、停止コンテナを"すべて削除"します。
稼働中のコンテナの削除は行ないません。

> ※データボリューム・コンテナがある場合、このコマンドを実行すると、常時停止状態で
> あるデータボリューム・コンテナも消去されてしまいます。
>
> 　データボリュームそのものは残るので、データは残りますが、アプリケーションとデー
> タボリュームをつなぐ部分が失われてしまい、アプリケーションがデータを利用できなく
> なります。
> 　（次回、アプリケーションのコンテナを生成した段階で、"データボリューム・コンテナ
> がない"というエラーが出ます）。
>
> 　以前と同じデータボリューム・コンテナを作り直すことで復旧は可能ですが、簡単に実
> 行できるコマンドのわりに、影響が大きいので、注意が必要です。
> データボリューム・コンテナについては、**3**章で説明します。

2-5　　　　Docker コンテナの性質

　さて、コンテナの作成終了削除を一通り学んだところで、ここでDockerの練習も兼ねて、Dockerのコンテナの特徴を学習するために、一つ実験をしましょう。

　この実験を通して、Dockerのコンテナが基本的に使い捨てであることを体験し、使い方を学んでもらえればと思います。

■ 同じコンテナか、違うコンテナかの区別

　現在は、「■コンテナを削除する」(p.49)で説明した操作によって、コンテナを消去しているので、コンテナが何もない状態だと思います。

　まずは、「docker run」コマンドで、再びコンテナを生成してください。

```
# docker run -it ubuntu /bin/bash
```

　コンテナができたでしょうか。

　ここで、プロンプトの「@」以下で示されるコンテナIDが、以前とは違うことに気づいたら、なかなかの観察力です(図2-10)。

```
root@ubuntu:~# docker run -it ubuntu /bin/bash
root@fa08b8e896b3:/# █
```

図2-10　docker runコマンドでコンテナを再度、作成したところ

```
root@ fa08b8e896b3:/#
```
この部分が変更されている

　「コンテナIDが違う」とは、どういうことを意味しているのでしょうか。

　答えは、「コンテナIDが違う」=「コンテナが違う」=「稼働しているコンテナは以前のコンテナとは別物で完全に新規のコンテナ」ということになります。
　仮想サーバで言うならば、以前とは"別のサーバ"ということになります。
　実際に体験してみましょう。

■一つ目のコンテナでファイルを作る

現在、コンテナの中にログインしています。

この中には、「tmp」ディレクトリがありますので、この中に何でもいいの
で、ファイルを作ってみましょう。

*

私のほうでは空ファイルを作る「touch」コマンドで**hello-docker.txt**という、
テキストファイルを作りました。

```
# touch tmp/hello-docker.txt
```

ファイルができたかどうかを、lsコマンドで確認しましょう（図2-11）。

```
# ls tmp/
```

```
root@fa08b8e896b3:/# touch tmp/hello-docker.txt
root@fa08b8e896b3:/# ls tmp/
hello-docker.txt
```

図2-11　コンテナ内にテキストファイルを作る

作成が確認できたら、「bash」を終了（exit）して、コンテナを終了してくだ
さい。

```
# exit
```

●もうひとつ、コンテナを起動する

では、再びコンテナを作りましょう。

```
# docker run -it ubuntu /bin/bash
```

またコンテナIDが変わりましたね。
つまり、"別"コンテナということになります。
ここで、先ほどの「tmp」ディレクトリの中を覗いてみてください。
先ほど作ったファイルはありません（図2-12）。

```
root@ubuntu:~# docker run -it ubuntu /bin/bash
root@3a9c96e7da19:/# ls tmp/
root@3a9c96e7da19:/#
```

図2-12 "新"コンテナの、空のtmpディレクトリ

これは、完全にコンテナ(仮想サーバ)そのものが、別ものであるからです。

● コンテナの状態を確認する

では、実際にコンテナがどういう状態なのかを確認しましょう。

＊

今、ログインしているDocker上のubuntuコンテナは、「exit」して終了し、ホストOSにコントロールを戻してください。

そして、「docker ps -a」で全コンテナを表示してください(図2-13)。

docker ps -a

```
root@ubuntu: # docker ps -a
CONTAINER ID          IMAGE
3a9c96e7da19          ubuntu
fa08b8e896b3          ubuntu
```

図2-13 docker ps -aコマンドを実行したところ

すると、2行のコンテナ情報があります。

このうち、左端の「CONTAINER ID」を見ると、1回目と2回目で生成した、それぞれのコンテナIDがあります。

「docker run」で同じコマンドで、同じ内容のコンテナを作っていますが、作られたものは、それぞれ別個に管理されていることが分かります。

そこで、もう一度最初に作ったほうのコンテナを起動し、「ls」コマンドで、「tmp」ディレクトリの中身を見てみましょう。

docker start -ai コンテナID

こんどは、先ほど作った「hello-docker.txt」がありましたね（図2-14）。

```
root@ubuntu:~# docker start -ai fa08b8e896b3
root@fa08b8e896b3:/# ls tmp/
hello-docker.txt
```

図2-14　最初に作成したコンテナのtmpディレクトリを確認したところ

*

このように、イメージからコンテナを作る場合、「docker run」コマンドによって、新しい別のコンテナが作られることが分かりましたね。

確認したら、exitでこのコンテナを終了して、ホストOSに戻りましょう。

そして、すべてのコンテナを削除するコマンドを実行しましょう。

すると、両方のコンテナが瞬時に消去されます（図2-15）。

```
# docker container prune
```

```
root@ubuntu:~# docker container prune
WARNING! This will remove all stopped containers.
Are you sure you want to continue? [y/N] y
Deleted Containers:
3a9c96e7da197e76c1eda12af4f6a7436ca952856ef03013a897fd7b67fc4536
fa08b8e896b378794d4153a784b36e32e33c36ad6aa39111ca39f0dd51a4f166

Total reclaimed space: 82 B
```

図2-15　「docker container prune」で、まとめてコンテナを消去したところ

■ コンテナに重要なデータを残さないようにする

このように、Dockerの仮想サーバは、非常に簡単に作れる一方、コンテナの破棄も容易です。

実運用上では、サーバ（コンテナ）にトラブルが発生した場合、そのコンテナを終了し、すぐにまっさらなコンテナを生成します。

その後は新しいコンテナを使い、終了したコンテナは再利用をしません。

問題解明のデバッグ用として残されている、というような扱いとなります。

　そのため、Dockerでは、破棄前提のコンテナ内に、重要なデータを残すような設計をしてはいけません。

　重要なデータは、**3章**で説明するデータボリュームと呼ばれる領域に接続して、保存するようにします。
　データボリュームは、コンテナとは独立した扱いになっており、コンテナを破棄しても残り続けます。

　また、新しいコンテナを作ったときには、自動的に以前と同じように接続するので、コンテナが変わっても、以前のコンテナ終了時と変わらない状態を維持します。

2-6　Dockerコンテナにアプリケーションを入れてみる

　さて、ここまででコンテナの作り方を学びましたが、現在のコンテナは、まだOSのみのコンテナをシェルで動かしているだけで、何もアプリケーションが入っていない状態です。

　この節では、簡単なアプリケーションをインストールして、コンテナを作り上げていく流れを学びます。

■ubuntuコンテナにpingをインストールする

　ここでは、「ping」がインストールされたubuntuコンテナを作っていきます。

　実は、このdockerが「pull」しているubuntuイメージには、最低限の機能しか入っていません。

　そのため、「ping」をはじめとする、ネットワークコマンドもありません。
　必要に応じて追加していく、というスタイルになっています。
　（なおOSにより方針が異なり、dockerで「pull」できるCentOSは、標準でpingが使えます）

● 名前を付けてコンテナを起動する

では、先ほどと同じように、コマンドにbashシェルを指定し、コンテナを作りますが、今回はコンテナに名前を付けましょう。

コンテナに名前を付けるときは、オプションで「**--name=名前**」を指定します。ここでは、「**ping_in_ubuntu**」としますが、お好きな名前を付けてください。

【名前を付けてコンテナを生成するコマンド】

```
docker run --name=名前 イメージ名[:タグ] [コマンド] [引数]
```

コンテナ名が、「**ping_in_ubuntu**」で、イメージ名がubuntuなので、紛らわしいですが、気をつけてください。

```
# docker run -it --name=ping_in_ubuntu ubuntu /bin/bash
```

● pingをインストールする

コンテナが出来たら、作ったコンテナに「ping」がないことを確認するため、試しに「ping」を自分自身(localhost)に打ってみましょう。

"『ping』が見つからない"というようなメッセージが返ってくると思います(図2-16)。

```
root@ubuntu:~# docker run -it --name=ping_in_ubuntu ubuntu /bin/bash
root@1beaf44f0665:/# ping localhost
bash: ping: command not found
```

図2-16　pingコマンドは見つからない(インストールされていない)

「ping」がないことを確認したところで、インストールをしていきます。

Dockerのアプリケーションのインストールも、通常のUbuntuでのアプリケーションをインストールする流れと同じです。

「ping」をインストールするにあたり、ubuntuのリポジトリには「**iputils-ping**」というパッケージがあるので、今回それをインストールします。

しかし、このDocker上のubuntuは、リポジトリ情報がないため、まずは、リポジトリのリストを更新する必要があります。

*

リポジトリのリストの更新は、ホストのubuntuでdockerインストール前
に行なったのと同じ、「apt update」コマンドです(図2-17)。

```
# apt update
```

このコマンドにより、コンテナ内のリポジトリのリストが更新されます。

```
root@1beaf44f0665:/# apt update
Get:1 http://security.ubuntu.com/ubuntu bionic-security InRelease [83.2 kB]
Get:2 http://archive.ubuntu.com/ubuntu bionic InRelease [242 kB]
Get:3 http://security.ubuntu.com/ubuntu bionic-security/universe Sources [20.4 kB]
Get:4 http://security.ubuntu.com/ubuntu bionic-security/universe amd64 Packages [91.0 kB]
Get:5 http://archive.ubuntu.com/ubuntu bionic-updates InRelease [88.7 kB]
Get:6 http://security.ubuntu.com/ubuntu bionic-security/multiverse amd64 Packages [1363 B]
Get:7 http://security.ubuntu.com/ubuntu bionic-security/main amd64 Packages [217 kB]
```

```
Reading state information... Done
4 packages can be upgraded. Run 'apt list --upgradable' to see them.
root@1beaf44f0665:/#
```

図2-17　apt updateを実行する(中間部分は省略しています)

リポジトリのリストを更新したら、iputils-pingパッケージをインストール
します(図2-18)。

```
# apt install iputils-ping
```

```
root@1beaf44f0665:/# apt install iputils-ping
Reading package lists... Done
Building dependency tree
Reading state information... Done
The following additional packages will be installed:
  libcap2 libcap2-bin libidn11 libpam-cap
The following NEW packages will be installed:
  iputils-ping libcap2 libcap2-bin libidn11 libpam-cap
0 upgraded, 5 newly installed, 0 to remove and 4 not upgraded.
Need to get 140 kB of archives.
After this operation, 537 kB of additional disk space will be used.
Do you want to continue? [Y/n] y
Get:1 http://archive.ubuntu.com/ubuntu bionic/main amd64 libcap2 amd(
Get:2 http://archive.ubuntu.com/ubuntu bionic/main amd64 libidn11 am(
Get:3 http://archive.ubuntu.com/ubuntu bionic/main amd64 iputils-pin(
```

```
debconf: falling back to frontend: Teletype
Setting up libcap2-bin (1:2.25-1.2) ...
Processing triggers for libc-bin (2.27-3ubuntu1) ...
root@1beaf44f0665:/# █
```

図2-18　iputils-pingをインストールする

■ pingを実行する

インストールできましたら、「ping localhost」で確認してみましょう。こんどは、実行できるはずです（図2-19）。

```
# ping localhost
```

```
root@1beaf44f0665:/# ping localhost
PING localhost(localhost (::1)) 56 data bytes
64 bytes from localhost (::1): icmp_seq=1 ttl=64 time=0.018 ms
64 bytes from localhost (::1): icmp_seq=2 ttl=64 time=0.025 ms
```

図2-19　ping localhostを実行する

実行を確認したら、[Ctrl] + [C]キーを押して、「ping」コマンドを終了しましょう。

この状態のまま、次は「アタッチ」と「デタッチ」の説明をします。

Column　イメージやコンテナのデータは軽くする

Dockerでは、イメージやコンテナをいかに軽量化するかが重要です。

ここでは、練習のため省略しましたが、「apt update」で更新したリポジトリのリストなどは、構築時には必要ですが、運用時には不要であるため、必要なものをインストールした後は、削除するのが一般的です。

具体的には、aptキャッシュをクリーン後、リストを全削除します（図2-G）。

こうすることで、イメージやコンテナ・サイズを小さくすることが可能になります。

```
root@1beaf44f0665:/# apt clean
root@1beaf44f0665:/# rm -rf /var/lib/apt/lists/*
root@1beaf44f0665:/#
```

図2-G　必要なアプリケーション追加後のaptクリーンアップ

■ アタッチとデタッチ

　簡単に言えば、「アタッチ」とは、"対象のコンテナを前面(フォアグラウンド)で動かす"ことであり、「デタッチ」は、"背後(バックグラウンド)で動かす"ことを言います。

● デタッチする

　今、「ping」を終了したばかりのDocker上のubuntuを操作している状態になっていると思います。

　現在、コンテナは直接操作しているので、フォアグラウンドで動いていることになります。
　この状態で、キーボードの[Ctrl] + [P]を押し、続いて[Ctrl] + [Q]を押すと、Dockerコンテナを終了しないまま、ホストOS側に操作を移すことができます。

　このように、コントロールをdockerコンテナからホストに移すことを「デタッチ」といい、コンテナがバックグラウンド処理になります。

● デタッチされた状態を確認する

　そして、この状態で「docker ps」コマンドを入力してみましょう。

　「STATUS」が「Up」となっているのが確認できるので、コンテナは実行状態となっています(**図2-20**)。

　「Up」の後ろは、稼働時間を表わしています。

　この例では、"1時間経っている"ことを示しています。
(ついでに、コンテナのNAMESも確認してみましょう。
　先ほど自分でつけた名前になっていることが確認できます。)

```
# docker ps
```

```
root@ubuntu:~# docker ps
CONTAINER ID      IMAGE     STATUS              PORTS        NAMES
1beaf44f0665      ubuntu    Up About an hour                 ping_in_ubuntu
```

図2-20　「docker ps」コマンドで確認する

● アタッチする

先ほどのコンテナに再度入りたいときは、アタッチしてコンテナをバックグラウンド処理からフォアグラウンド処理に戻します。

アタッチするには、「docker attach コンテナID」と入力します。

入力後、プロンプトの「@」以下がコンテナIDになり、コンテナに入ったことが確認できます（図2-21）。

```
# docker attach 1beaf44f0665
```

```
root@ubuntu:~# docker attach 1beaf44f0665
root@1beaf44f0665:/# ▮
```

図2-21　docker attachコマンドで、再度コンテナに入る

アタッチするときは、先ほどのコンテナに操作を移すだけなので、「docker run」のような「-i」オプションといったオプションは不要です。

2-7　コンテナをイメージ化する

さて、ここまでの操作で、イメージをDockerに取り込み、コンテナを起動し、アプリケーションをインストールする、Dockerというものの操作を一通り学習しました。

次に、この節で説明するイメージ化を学ぶことで、Dockerのアプリケーション・コンテナサイクルの最初につながるので、概要は一通り学んだことになります。

dockerコンテナのイメージ化は、以下の2段階に分かれます。
[1]コンテナをイメージに変換する操作
[2]イメージを、ほかのDocker環境で使用できるように、tarファイル化する

■ コンテナをイメージに変換する（docker commitコマンド）

まずは、1つ目から学んでいきましょう。

＊

「docker commit」コマンドは、コンテナをDockerイメージにすることができるコマンドです。

【コンテナをイメージにするコマンド】

```
docker commit コンテナID イメージ名[:タグ]
```

今までは、「docker pull」で、インターネット上の作成済みのイメージを使いましたが、そのイメージで今回、「ping」入りのオリジナルのコンテナを作りました。

このコンテナをイメージ化しておけば、そのイメージを用いて、docker run でコンテナ化することで、最初から「ping」入りのコンテナが生成されます。

*

作るイメージには、イメージ名を付けます。

今回は、コンテナと同じく「ping_in_ubuntu」にします。

タグ名は任意です。省略すると「latest」となります。

また、イメージ化するコンテナを指定しなければなりません。

本書のコンテナIDは「1beaf44f0665」です。

そこで、コンテナをイメージ化するには、次のようにします。

手 順 コンテナをイメージ化する

[1]「docker commit」コマンドを入力する

次のように、「docker commit」コマンドを入力します。

ここでは、コンテナのイメージ名を ping_in_ubuntu としました。

```
# docker commit 1beaf44f0665 ping_in_ubuntu
```

> ※コンテナIDは、各自docker ps -aコマンドで確認してください。

コンテナのイメージ化は、コンテナが動作状態終了状態のどちらでも可能です。

動作状態の場合は、処理の瞬間に、一時的にDockerがコンテナの動きを止めることで、ファイル破損を回避しています。

[2]イメージを確認する

イメージ化したら、docker imagesで確認してみましょう(図2-22)。

```
root@ubuntu:~# docker commit 1beaf44f0665 ping_in_ubuntu
sha256:be6318a68827900771947949d5157d0d8d6a9e0855ad83d0eb531fbf99268a8e
root@ubuntu:~# docker images
REPOSITORY          TAG            IMAGE ID          CREATED          SIZE
ping_in_ubuntu      latest         be6318a68827      23 seconds ago   85.8 MB
ubuntu              latest         cd6d8154f1e1      3 weeks ago      84.1 MB
```

図2-22 作ったイメージをdocker imagesで確認したところ

イメージの中に「ping_in_ubuntu」ができていることが確認できましたね。これでイメージ化は完了です。

■ dockerイメージのイメージ名とタグについて

イメージ化する際に、タグを無指定にすると「latest」がつくことは説明しました。

それでは、もう一度、同じコマンドでイメージ化したらどうなるでしょうか。「latest」がつくイメージが2つできるのでしょうか。
(後のタグ作成の説明のため、イメージIDが変わらないようにするため、ここでは、まだ2度目の「commit」をしないようにし、説明を読むだけにしてください。)

答えは、"新しく作った方に「latest」がつき、最初に作ったイメージのイメージ名とタグ名が「<none>」になります"(図2-23)。

つまり、最新のもの以外のイメージ名とタグが消えてしまうことになります。

```
root@ubuntu:~# docker commit 1beaf44f0665 ping_in_ubuntu
sha256:e0bb4111f6cfd6a832fdc626e1ad41ebc30aa2f5cae6b020726
root@ubuntu:~# docker images
REPOSITORY          TAG            IMAGE ID
ping_in_ubuntu      latest         e0bb4111f6cf
<none>              <none>         be6318a68827
ubuntu              latest         cd6d8154f1e1
```

図2-23 イメージにタグがない状態で、再度「commit」した場合
(新しいものが作られるが、古いものはイメージ名タグともに「<none>」となり、元のイメージが何なのか分からなくなる)

　イメージ名とタグが<none>になると、内容も分からず非常に管理がしづらいので、latestのイメージを、新たにdocker commitで作る前に、現在のlatestのイメージ名タグ名を変更します。

● タグを作成する

　タグを作るには、「docker tag」コマンドを使います。

【タグを作成するコマンド】

`docker tag 現在のイメージ名：タグ名 新しいイメージ名：タグ名`

　今回、例として図2-22の状態にある「ping_in_ubuntu」のタグ名を、「latest」から「Ver.1.00」に変えてみます。

　次のように入力します。

`# docker tag ping_in_ubuntu:latest ping_in_ubuntu:Ver.1.00`

　「docker images」コマンドで確認すると、「latest」と「Ver.1.00」の両方が、イメージリストに表示されるのが確認できます（図2-24）。

＊

　この結果の通り、実際は変更というよりは、従来のlatestに加えてVer.1.00が加わる形となります。

　これで、現在のイメージに新しいタグが出来ました。

```
root@ubuntu:~# docker tag ping_in_ubuntu:latest ping_in_ubuntu:Ver.1.00
root@ubuntu:~# docker images
REPOSITORY          TAG              IMAGE ID          CREATED
ping_in_ubuntu      Ver.1.00         be6318a68827      5 minutes ag
ping_in_ubuntu      latest           be6318a68827      5 minutes ag
ubuntu              latest           cd6d8154f1e1      3 weeks ago
```

図2-24　タグが付けられた

（図2-24の結果を見ると、2つのイメージがあって、「latest」と「Ver.1.00」が個別に存在するように見えますが、実際は1つのイメージに「latest」と「Ver.1.00」の、2つのタグが付いている状態です。

　このことは、イメージIDが同じであることから分かります。）

　この状態で、再度コンテナからイメージを作れば、こんどは<none>のデータは発生せず、イメージ名が「ping_in_ubuntu」で新規に作った「latest」（IMAGE IDが変わっています）と、"旧"イメージのタグが「Ver1.00」のイメージが残ります（**図2-25**）。

```
REPOSITORY          TAG           IMAGE ID         CREATED
ping_in_ubuntu      latest        0e04217a52d5     1 second ago
ping_in_ubuntu      Ver.1.00      be6318a68827     32 minutes ago
ubuntu              latest        cd6d8154f1e1     3 weeks ago
```

図2-25　イメージにタグがある状態で、再度「commit」した場合

（新しいものが作られ、そちらに「latest」が移り、古いものはタグの付いたものが残る）

● タグを削除する

　なお、タグを消したいときは、イメージを消すのと同じ「**docker rmi イメージ名 : タグ名コマンド**」を使います。

　1つのイメージに、複数のタグがある場合は、指定したタグのみ消去されます。

　ただし、タグが最後の1つとなったときに、そのタグを消そうとすると、タグではなくイメージを削除することになるので注意してください。

■ イメージのファイル化 (docker save と docker export)

　続いては、イメージの**tarファイル化**です。

　tarファイルとは、Linuxで最もよく使われるアーカイブ・ファイルです。

　アーカイブとは、"複数のファイルを一つのファイルにまとめたもの"で、Windowsでしたら、圧縮のかかったアーカイブ・ファイルとしてZIPファイルなどがよく使われます。

● docker save と docker export

イメージのファイル化には、2つの方法があります。

---

①docker save コマンドを使う方法
②docker export コマンドを使う方法

　この2つの違いを詳細に説明するのは難しいので、簡単に説明しますが、Dockerのコンテナの重要な部分なので、ぜひ、押さえておいてください。

＊

　これまで作ってきたping入りのdockerコンテナは、ベースとなるubuntuイメージがあり、そこにコマンド操作（「apt update」や「apt install」）をすることで作りました。

　コマンド操作する際に、Dockerは、ベースイメージからの変更された部分である差分を記録します。

　この差分を「**レイヤー**」と言います。

　今回のping入りコンテナの場合は、ubuntuのベースイメージがあり、「apt update」のコマンドによって変化した差分のレイヤーを作り、そして、「apt install」でさらに変化した差分のレイヤーを作る――という感じで、ベースイメージにレイヤーを重ねて、コンテナを作っています。

　このあたりは、PhotoshopやGIMPなどで写真を加工したことがあれば、近いものがあるので、分かりやすいかしれません。

　元の写真があり、そこに額縁や文字挿入などのエフェクトのレイヤーを重ねて、新しい写真を作る、という工程ですね。

＊

　ここから「docker save」と「docker export」の違いの説明となります。

---

①**docker save**

　「docker save」は、ベースイメージと各レイヤー情報を、そのままtarファイルとして保存する処理です。

　docker saveで作成したtarファイルを展開すると、Dockerのメタ・データで構成されていることが分かります（図2-26）。

名前	更新日時	種類	サイズ
7fc6eb4f7c8e6e653c7d03a2657980d0865336...	2018/02/17 17:15	ファイル フォルダー	
9e84b33d4bd512ccfe0cfe0b9a22cd0105406f...	2018/02/17 17:15	ファイル フォルダー	
20324ba4643ef61318b95897f9885b01d8a2a9...	2018/02/17 17:15	ファイル フォルダー	
330398b7e904e81417775606d2a82e6dd335c...	2018/02/17 17:15	ファイル フォルダー	
b3486945a9c341acdd9aab5801f01ac431b46...	2018/02/17 17:15	ファイル フォルダー	
c56a291d840a875f9b47f7e2c5df670cd5f125...	2018/02/17 17:15	ファイル フォルダー	
4d644ee8c6285533fd82c354b9c51e19c55633...	2018/02/17 17:15	JSON ファイル	4 KB
manifest.json	2018/02/18 17:08	JSON ファイル	1 KB

図2-26　docker saveで作ったtarファイルを確認したところ

②docker export

　一方、「docker export」は、差分のレイヤー情報はもたずに、最終的なコンテナの内部構成をtarファイルにする処理です。

　先ほどの写真にたとえると、元の写真と、そこから加えた個々のエフェクト情報をファイル化したのがsaveです。

　それに対しての、個々のエフェクト状態をもたず、すべてのエフェクトを反映した、完成形としての写真をファイル化したのが、exportです。

　exportされたtarファイルを展開すると、ubuntuのツリー・ディレクトリの構造と、ファイルがそのまま復元されます（図2-27）。

名前	更新日時	種類
bin	2018/02/17 13:50	ファイル フォルダー
boot	2016/04/13 5:14	ファイル フォルダー
dev	2018/02/17 13:39	ファイル フォルダー
etc	2018/02/17 13:50	ファイル フォルダー
home	2016/04/13 5:14	ファイル フォルダー
lib	2015/09/14 0:54	ファイル フォルダー
lib64	2018/01/24 7:49	ファイル フォルダー
media	2018/01/24 7:49	ファイル フォルダー
mnt	2018/01/24 7:49	ファイル フォルダー
opt	2018/01/24 7:49	ファイル フォルダー
proc	2016/04/13 5:14	ファイル フォルダー
root	2018/02/17 14:00	ファイル フォルダー
run	2018/01/24 7:49	ファイル フォルダー
sbin	2018/01/26 3:23	ファイル フォルダー
srv	2018/01/24 7:49	ファイル フォルダー
sys	2016/02/05 18:48	ファイル フォルダー
tmp	2018/02/17 13:50	ファイル フォルダー
usr	2018/02/17 13:50	ファイル フォルダー
var	2018/02/17 13:50	ファイル フォルダー
.dockerenv	2018/02/17 13:39	DOCKERENV ファイル

図2-27　docker exportで作ったtarファイルを確認したところ

もう少し分かりやすく、図で表わすと、このようになります（図2-28）。

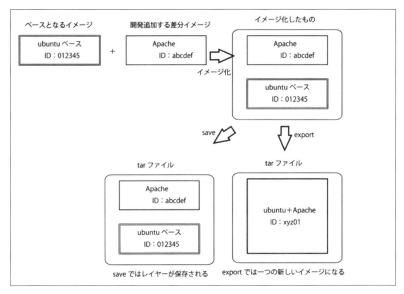

ベースとなるイメージ　開発追加する差分イメージ　イメージ化したもの

| ubuntuベース
ID：012345 | ＋ | Apache
ID：abcdef |

イメージ化

Apache
ID：abcdef

ubuntuベース
ID：012345

save　　　　　　　export

tarファイル　　　　　　　　　　　tarファイル

Apache
ID：abcdef

ubuntuベース
ID：012345

ubuntu＋Apache
ID：xyz01

saveではレイヤーが保存される　　exportでは一つの新しいイメージになる

図2-28　saveとexportの違い

　この図と、先ほどのtarファイルを展開したファイル構成を見比べると、より分かりやすいと思います。

● saveとexportの使い分け

　イメージの動作は、どちらも同じなので、どちらのほうが優れているか、というのはありません。

　ただし、ファイル化したイメージの使い方により、適した使い分けがあります。

＊

　Dockerは、"コンテナ間で、共通するイメージがあれば共有する"のが特徴で、本来はそれを活かした使い方をすべきです。

　しかし、この「save」と「export」では、イメージのもち方が違うので、活かすためには、この辺りを把握する必要があります。

＊

　一例ですが、開発環境においてubuntuがあり、それをベースに「Apacheコンテナ」や「Postfixコンテナ」などを作るような場合を考えましょう。

　「save」で保存した場合は、どちらも共通のubuntuイメージ＋Apacheの差

分（またはPostfixなどの差分）となり、ubuntu部分は共有リソースとして使われます（図2-29）。

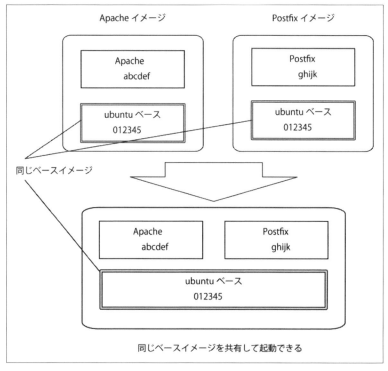

図2-29　ベースイメージを共有する

「export」した場合、コンテナの最終状態のみを保存し、ベースイメージや差分といったDockerの情報はありません。

そのため、同じubuntuから派生したにも拘わらず、それぞれオリジナルのイメージとして管理され、リソース共有は活かされなくなります。

しかし、Dockerで管理できるレイヤー情報数には限りがあります。

上記の例で、個別にApacheやPostfixを入れたコンテナを動かすならいいのですが、アプリケーションとして、これらを全部インストールした状況を前提とした開発を始める場合は違います。

そうした場合、その時点でかなりのレイヤー数情報をもっていることになり、レイヤー数が足りなくなる可能性があります。

アプリケーション開発では「Apache」「MySQL」「PHP」を入れた環境（通称

「LAMP環境」）はよく使われます。

　先ほどの例では、ubuntuを起点としましたが、LAMP環境ありきの開発では、LAMP環境を構築して「export」することで、レイヤー情報のないイメージとなります。

　そのイメージを起点として、アプリケーション開発を行なうというのがいいと思います。

（ただし、複数人で開発する場合、「export」したファイルを取り込むだけでは問題が生じます。詳しくは「import」の項目もご覧ください。）

● saveとexportのコマンド

　では、コマンドです。
　「save」の場合は、以下のように書きます。

【イメージをtarファイルにするコマンド(docker save)】

```
docker save [オプション] イメージ名[:タグ名]
```

　「export」の場合は、以下のように書きます。

【イメージをtarファイルにするコマンド(docker export)】

```
docker export [オプション] コンテナ名
```

　注意点は、「**saveがイメージ名**」「**exportはコンテナ名**」という点です。

　また、「イメージ名」「コンテナ名」の部分については、「イメージID」「コンテナID」でもかまいません。
　しかし、「docker save」コマンドの場合は、「イメージ名:タグ名」として保存をすると、戻した場合にも「イメージ名：タグ名」の情報が戻りますが、「イメージID」で指定した場合には、「save」したファイルを戻すと「イメージ名：タグ名」は「<none>」となってしまいます。注意してください。

　オプションについて、「**-o (ファイル出力する)**」のみですが、Linuxのリダイレクション「>」で同じことができるので、特に覚える必要はありません。

　今回は、どちらの方法も試すため、ファイル名として「save」は「**ping_save. tar**」、「export」は「**ping_export.tar**」としています。

【saveの場合】

```
# docker save ping_in_ubuntu:latest > ping_save.tar
```

【exportの場合】

```
# docker export 1beaf44f0665 > ping_export.tar
```

> ※イメージ名コンテナIDは、各自の環境のものを入力してください。

　以上で、ホスト側のカレントディレクトリに、イメージファイルが保存されました(図2-30)。

```
root@ubuntu:~# docker save ping_in_ubuntu:latest > ping_save.tar
root@ubuntu:~# docker export 1beaf44f0665 > ping_export.tar
root@ubuntu:~# ls -l
合計 157908
-rw-r--r-- 1 root root 73263104 10月  1 22:36 ping_export.tar
-rw-r--r-- 1 root root 88421376 10月  1 22:36 ping_save.tar
```

図2-30　イメージ・ファイルが作成された

■ docker loadとdocker import

　続いては、作ったイメージファイルの取り込みのコマンドとして、「load」と「import」を説明します。

　「docker load」は「docker save」に、そして「docker import」は「docker export」に対応した取り込みコマンドです。

　このコマンドによって取り込みされたデータについて、コンテナ動作としては同じではありますが、Dockerのメタデータをもつ「load」と、もたない「import」では、取り込まれたときのデータの状態が異なります。
　両者の違いを見比べながら、学んでいきましょう。

● **イメージとコンテナを全消去する**

　イメージを戻すにあたり、既存のものがあると分かりにくいので、一度dockerの中のイメージを、全部消去しましょう。

　イメージを消去するには、そのイメージに結びついている他のイメージやコンテナを削除しないと、実施できません。

　そこで、まずは、コンテナを全部消してから、イメージを全部消してください。

```
# docker rm [コンテナID①] , [コンテナID②]
# docker rmi [イメージID①] , [イメージID②] ,・・・
```

（各自、コンテナIDは「**docker ps -a**」、イメージIDは「**docker images**」で調べてください。
　削除後、再度「docker ps -a」「docker images」を実行し、コンテナやイメージが検出されないことを確認します。）

● **docker load でイメージを戻す**

　全イメージを消去したところで、まずはsaveしたほうのイメージを戻しましょう。

　「docker load」コマンドを使います。

【イメージを読み込むコマンド(docker load)】
```
docker load [オプション]
```

　書式は「docker load [オプション]」ですが、オプションに相当するものは、リダイレクション＜で指定できるので、気にしなくていいです。

　以下を入力して、イメージを取り込みます。
```
# docker load < ping_save.tar
```

　取り込めたら、「docker images -a」で、取り込み状態を確認しましょう。
```
# docker images -a
```

以前と同じイメージIDで、取込みできていると思います（図2-31）。

（イメージ名、タグ名については、「save」時にイメージ名タグ名で指定して
保存した場合は再現されますが、イメージIDを指定した場合はnoneになっ
てしまうので気を付けましょう）。

```
REPOSITORY          TAG          IMAGE ID          CREATED          SIZE
root@ubuntu:~# docker  load < ping_save.tar
a30b835850bf: Loading layer [==================================================>]  86.59 MB/86.59 MB
6267b420796f: Loading layer [==================================================>]  15.87 kB/15.87 kB
f73b2816c52a: Loading layer [==================================================>]  10.24 kB/10.24 kB
6a061ee02432: Loading layer [==================================================>]  5.632 kB/5.632 kB
8d7ea83e3c62: Loading layer [==================================================>]  3.072 kB/3.072 kB
350e8e78cf15: Loading layer [==================================================>]  1.77 MB/1.77 MB
Loaded image: ping_in_ubuntu:latest
root@ubuntu:~# docker images -a
REPOSITORY          TAG          IMAGE ID          CREATED          SIZE
ping_in_ubuntu      latest       0e04217a52d5      2 hours ago      85.8 MB
```

図2-31　docker loadでイメージの取り込みができた

Column　**saveデータは元のイメージをそのまままっている！**

「save」は、ベースイメージを保有していると書きました。

つまり、ubuntuのベースイメージから生まれた「ping_in_ubuntu」は、そ
のイメージ内にubuntuのベースイメージが形を変えずに残っていること
を意味します。
これを確認しましょう。

*

先ほどイメージを全部消してから「ping_in_ubuntu」だけを戻したので、
ubuntuのベースイメージはもっていないはずです。

ここで、「ping_in_ubuntu」の元となったubuntuを、改めて「pull」してみ
ましょう。

すると「Already Exists」（もう存在している）というレスポンスが返って
きますね。

このことから、「ping_in_ubuntu」には、元となったイメージをそのまま
もっていることになります（**図2-H**）。

```
root@ubuntu:~# docker pull ubuntu
Using default tag: latest
latest: Pulling from library/ubuntu
22dc81ace0ea: Already exists
1a8b3c87dba3: Already exists
```

図2-H　saveファイルには「pull」したubuntuイメージがそのまま入っている
（後からubuntuを「pull」すると、すでに入っていると表示）

●docker importでイメージを戻す

続いては、「docker import」ですが、やはり分かりやすくするために、もう一度、全イメージを消去しておいてください。

```
# docker rmi イメージ名① [,イメージ名②]・・・
```

「docker import」も、イメージを戻すという点では同じです。

ただし、Dockerのメタ情報がないために、留意すべき点がありますので、そこを確実に押さえおいてください。

戻すためのコマンドの書式は「**docker import ファイル**」です（「load」と異なり、リダイレクト<は使いません）。

【イメージを読み込むコマンド(docker import)】

```
docker import ファイル
```

では、実際に戻してみましょう。

ここでは、ファイル名として、先にdocker exportコマンドで作っておいたping_export.tarを指定します。

```
# docker import ping_export.tar
```

戻した後、「images」コマンドでイメージを確認すると、イメージ名やタグが「<none>」になっており、イメージIDも以前とは別のものになっていることが分かります（図2-32）。

```
root@ubuntu:~# docker import ping_export.tar
sha256:915fce9a1ae6fbe971c17b246515115bde735c9c2d71653c9f8f8ca355e6d11c
root@ubuntu:~# docker images -a
REPOSITORY          TAG                 IMAGE ID            CREATED             SIZE
<none>              <none>              915fce9a1ae6        12 seconds ago      70.7 MB
```

図2-32　docker importでイメージの取り込みができた

exportは、元のイメージをまったくもたない！

　では、ここでも「import」したものが、以前のubuntuイメージとは別物であることを確認しましょう。

＊

　やり方は「save」と同じく、「docker pull」でubuntuをインストールしてみましょう。

　saveコマンドのときは「Already Exist」というメッセージが表示されていましたが、今回はDocker Hubからダウンロードが行なわれます（**図2-1**）（「save」との違いを押さえておいてください）。

```
root@ubuntu:~# docker pull ubuntu
Using default tag: latest
latest: Pulling from library/ubuntu
22dc81ace0ea: Pull complete
1a8b3c87dba3: Pull complete
91390a1c435a: Extracting [===================================================>]   620 B/620 B
07844b14977e: Download complete
b78996048552: Download complete
```

図2-1　exportデータには、それを作ったときにpullしたubuntuデータの原本はないため、新たにpullするとubuntuを、再度入れ直すことになる。

　つまり、「export」によって出力されたファイルを「import」した場合、元のイメージは保持しておらず、完全に新規の"別"イメージとして扱われます。

　また、ただ新規のイメージというだけではありません。

　今「import」したイメージを消去し、同じものをもう一度「import」すると、さっきの「import」とはイメージIDが変わります。
　つまり、同じイメージを「import」しているのに、「import」ごとに"別"イメージ扱いとなっているわけです。

　これは、同じイメージを開発チーム間で共有したい場合に、大きな問題となります。

● importではイメージIDが別物になる

イメージ名やタグ名をもたないのは、Dockerのメタ情報がないためですが、特に問題になるのは、"イメージIDが別物になる"という点です。

このイメージIDは、「import」した時点で、新規に作られます。
(「CREATE時刻」も、元のイメージ作成時ではなく、「import」時の時刻になっています)

そのため、開発チームとして、複数人で独自に構築した共通イメージを使おうとした際に問題が起こります。

それは、この「export」したファイルを共通イメージとして使ってしまうと、各個人の開発環境で、それぞれ別々のイメージIDをもつベースイメージとなってしまい、後ほど統合できなくなる恐れがある、ということです。

ですから、開発チーム間でコンテナの生成を分担して行なう場合には、イメージIDが共通となる「save」データを利用したほうがいいでしょう。

しかし、レイヤー情報の保持数 上限問題から、「export」でレイヤー情報をクリアしたものを使いたい場合もあると思います。

その場合は、以下のように行ないます。

---

[1]「export」して、Dockerレイヤー情報を統合した、完成版ファイルを作る

[2] importして、一度Dockerに"新規のイメージ"として取り込む

[3] 必要に応じて、「docker tag」コマンドで「<none>」となっているイメージ名またはタグ名を付与する

[4]「save」して、イメージ名、タグ名、イメージIDのあるイメージファイルを作る。

[5]「save」したファイルを、各開発環境で利用する

　この流れで「export」して、レイヤー情報の消えたイメージを作り、それを一度取り込んで、イメージID（およびイメージ名タグ名）を付与してから、「save」したものを共通イメージとするといいでしょう。

＊

　上記の使い分けは一例です。

　状況に応じた使い分けが必要ですが、迷った場合にはdocker saveを使ったほうが無難でしょう。

　dockerの利点は、複数のコンテナを動かす状況下でも、ベースのイメージで共通するものが使われていれば、それを共用してリソースの**消費を抑える**ことにあります。

　「export」すると、その時点がベースイメージとなり、基本的に共有できるものが減少するため、exportしたものから、さらに新たに複数のアプリケーション・コンテナを作るような使い方でなければ、dockerの利点を活かせなくなる可能性があります。

第3章

Dockerの基本を学習する

第2章で、Dockerの基本は一通り学びました。

ここからは、さらに一歩進んで、Dockerでアプリケーション・コンテナを作る上で必要な知識を学んでいきます。

3-1　公式のApacheイメージを取得する

3章では、Webサーバアプリケーションの Apache のコンテナを作って、Web ページを公開します。

そして、外部の PC からコンテナにアクセスし、Apache コンテナで公開された Web ページを開く——という流れで学習していきます。

■ Apacheのインストール手順

3章では、Apache というアプリケーションをインストールしていきますが、アプリケーションのインストール方法は、大きく分けて2つの手段があります。

① OSの入ったコンテナを作り、そこにアプリケーションをインストールする

OSのみ入ったイメージからコンテナを作り、作成後にアプリケーションをインストールする方法です。

こちらは、通常の仮想サーバと同じ流れで、Web サーバを構築するのに近いものです。

② ソフトウェア入りのイメージを使う

イメージには、すでに OS とアプリケーションがセットになっているものもあります。

とくに、Apache をはじめとする、メジャーなアプリケーションは、おおむね公式のディストリビュータが Docker 用のアプリケーション・イメージを

Docker Hubに提供しています。

　この公式のイメージを利用すれば、コンテナ作成時に、「アプリケーション入りのコンテナ」が作られます。

　Apacheと OS間の設定も、ある程度行なわれており、手軽に使えます。また、Dockerに最適化されているので、もちろん軽量です。

＊

今回は、②の方法をとります。

　Apacheの入ったイメージはいくつか種類がありますが、そのうち、「Apache公式イメージ」を使います。

　Apache公式イメージは、OS込みで ApacheのWebサーバがある程度、出来上がっています。

> ※なお、執筆時点の公式ApacheとセットになっているOSは、Debianです。
> 　ただし、公式ApacheのOS部分を操作することは、基本的にはありませんので、Debianの知識はなくても構いません。

＊

今回に限らず、差し支えなければ、こうしたApache公式イメージを使うことをお勧めします。

　その理由としては、先の①のように、まっさらな OSにApacheをインストールする場合は、パーミッションをはじめ、OSと Apache両方の設定が、インストール後に必要になります。

　しかし、Apache公式イメージなら、OSが Apache向けに最適化されているので、OSの設定は特にしなくても、Apacheが正常に動作するようになっています。

　そのため、設定も Apacheの設定のみに注力すればいいため、初心者にとっても熟練者にとっても、使い勝手のいいものになっています。

　もちろん、公式ディストリビュータが最適化しているので、イメージ・サ

イズも軽量です。

■ Apache公式イメージを入手する

Apache公式イメージについては、Docker Hubに細かな説明が書かれています。

イメージの取得は「**docker pull httpd**」であることも書かれています。

Apacheを起動や停止をする際のサービス名は、慣例的に「**httpd**」が用いられているため、イメージ名もそれに合わせた「httpd」という名称です。

＊

Apache公式イメージをダウンロードするコマンドは、次の通りです。

【Apache公式イメージをダウンロードするコマンド】

```
docker pull httpd
```

では、早速コマンドを入力して、Apache公式イメージを取得しましょう。

ステータスとして、「Downloaded・・・」と表示されれば、ダウンロードは成功です（図3-1）。

#docker pull httpd

```
root@ubuntu:~# docker pull httpd
Using default tag: latest
latest: Pulling from library/httpd
f189db1b88b3: Pull complete

Digest: sha256:81bc5f68f994a3c7bffc5d6ecba9e4fde70488c43ee8d57846a45c4995c67a23
Status: Downloaded newer image for httpd:latest
```

図3-1　Apacheのイメージをダウンロード

＊

次は、このhttpdイメージから「httpdコンテナ（Apacheのコンテナ）」を作ります。

ですが、その前に、Webサーバでは重要なネットワーク通信について説明しましょう。

3-2　Dockerのポート制御

通信は、通常、OSを通ってアプリケーションに渡されます。

　Dockerのコンテナは、ホストOS（Linuxサーバ）上の中にある「Docker Engine」（Dockerを動かしているプログラム）で動作しています。

　ですから、外部からのネットワークアクセスは、一度、ホストOSが受けることになります。

　外部からホストOSにアクセスがあると、ホストOS上のDocker Engineが、アクセスを受けたポート番号をもとに、"どのコンテナ向けの通信かを判断"して、受信対象のコンテナが待ち受けているポート番号に通信を送ります。

■ Dockerにおける、ポートのリレーの仕組み

　この様子を、図3-2に示します。

　この図は、例として、通常運用されている本番Webサイト（80番ポートで接続）のほかに、公開前に作ったページのテストを行なうために、8080番ポートで接続して閲覧できるテスト用Webサイトが存在するような構成を示したものです。

　通常の仮想サーバまたは物理サーバでは、インストールしたApacheに対して80番ポートまたは8080番ポートを解放すればいいのですが、Dockerでは、各コンテナはDockerの中で、それぞれ隔離された存在となっています。

　そのため、Dockerの外からの通信は、そのままでは届かない状態となっています。
　そこで、Dockerのコンテナに対して通信を行なう場合は、Docker Engineが、ホストOSのどのポートにアクセスされたかをチェックし、対応するコンテナがあれば、そのコンテナに接続するような形をとります。

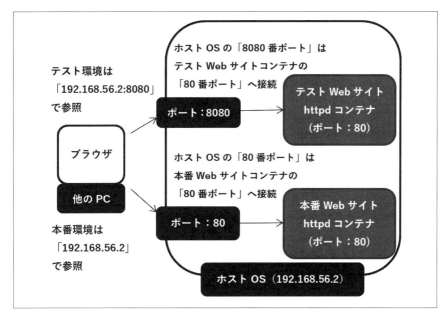

ホストOSの「8080番ポート」は
テストWebサイトコンテナの
「80番ポート」へ接続

テスト環境は
「192.168.56.2:8080」
で参照

ポート：8080

テストWebサイト
httpdコンテナ
（ポート：80）

ブラウザ

他のPC

ホストOSの「80番ポート」は
本番Webサイトコンテナの
「80番ポート」へ接続

ポート：80

本番Webサイト
httpdコンテナ
（ポート：80）

本番環境は
「192.168.56.2」
で参照

ホストOS（192.168.56.2）

図3-2　Docker内のコンテナにおける外部との通信

　つまり、ポートだけで見ると、外部のパソコンからホストOSのポートを経由して、コンテナのポートにリレーされることになります。

　そのため、コンテナを作るときには、「**コンテナが待ち受けするポート**」と「**ホストOSが待ち受けするポート**」を考えます。

■ httpdコンテナにおけるポートのリレー

　では、ここからは実際に皆さんが作る「httpdコンテナ」（Apacheのコンテナ）では、どのようにすればいいのか説明します。

　本来であれば、**図3-2**のような2つのWebサイトを作って見比べたいと思うのですが、今回はまだ慣れていないので、**図3-2**のうち、テストWebサイトに相当するものだけを考えます。

　ポートを考えるにあたり、まずhttpdコンテナの待ち受けポート（ホストOSの待ち受けポートと混同しないように注意してください）ですが、今回はWebサーバですので、標準の**80番**ポートを使います。

＊

次に、ホストOSですが、こちらも本番サイトであれば80番ポートで問題
はありません。

ただし、今回は"ポートの変換の仕組み"を学習する目的もあるので、ホス
トOSの待ち受けは8080番ポートにしたいと思います。

(「http://ホストOSのアドレス:8080/」というURLでアクセスしたときに、
httpdコンテナのコンテンツを表示するように構成します)

＊

では、これをDockerで実現するには、2つの構成が必要です。

①コンテナの待ち受けポートを80番に設定する

まずは、コンテナの待ち受けポートを**80番**として構築する必要がありま
す。

しかし、このApache公式イメージは、デフォルトですでに80番ポートを
待ち受けポートとして構成されているので、特に変更する必要はありません。

②ホストOSの待ち受けポートとコンテナのポートを関連付ける

ホストOSが8080番ポートで待ち受け、それをコンテナのポート**80番**にリ
レーするように、オプションを設定する必要があります。

これを指定するオプションは**-pホストOSポート : コンテナポート**です。

整理すると、外部との通信をするには、以上の2つを行なう必要があり、今
回①は特に設定なし、②は「**-p 8080:80**」オプションをつけてコンテナを作成
(docker run)する、ということになります。

3-3 コンテナをバックグラウンドで実行する

では、httpd コンテナ（Apache コンテナを）を実行していきましょう。

■ httpd コンテナをバックグラウンドで実行する

Apacheのような、常時、稼働しているサーバ・コンテナは、**第2章**で行なった「/bin/bash」のように、すぐに終了しては困ります。

そこで、バックグラウンドで動作させます。

バックグラウンドで動作させるには、「-d」（デタッチモードでの起動）というオプションを指定します。

先の、ポートのリレーのオプションも含めると、これらを考慮したコンテナ作成のコマンドは、次の通りです。

実際にコマンドを入力して、httpd コンテナを作成して、実行しましょう。

```
# docker run -p 8080:80 -d httpd
```

■ コンテナの実行を確認する

実行できたでしょうか。

できたら、コンテナの状態を「docker ps」コマンドで、確認してみましょう。

```
# docker ps -a
```

すると、「STATUS」が「**Up**」となり、コンテナが稼働状態になっていることが分かります。

これは、バックグラウンドで動作しているためで、「-d」のオプションによるものです（図3-3）。

```
STATUS              PORTS
Up 3 minutes        0.0.0.0:8080->80/tcp
```

図3-3　docker ps -aによる稼働コンテナの確認

また、「PORT」のところには、「**0.0.0.0:8080->80/tcp**」と表示されているのが分かります。

　これは、「**-p 8080:80**」のオプションによるもので、"ホストOSの8080ポートに接続してきたコネクションを、dockerコンテナの80番ポートに接続している"という意味です。

　dockerコンテナの80番ポートは、先ほど作った「httpd」ですね。
　このオプションによって、外部からのアクセスはホストOSの8080番ポートに接続すれば、dockerコンテナのApacheにつながることになります。

■ Webブラウザから接続して確認する

　では、これをWindows上からブラウザで確認してみましょう。

　本書の環境では、ホストOS（Linuxサーバ）は「192.168.56.2」を設定しているので、クライアントのブラウザのアドレス欄に「**192.168.56.2:8080**」を入力してください。

　本書の環境については、**Appendix**の「ホストオンリー・アダプターによる接続」を前提としています。
　「ポートフォワーディング」による接続や「Docker Desktop for Windows」による環境の場合はブラウザに「192.168.56.2」ではなく「localhost」を入力してください。

　すると、デモ用の「It works!」のページが表示されるはずです（図3-4）。
　このページはApacheのデモページなので、これが見えていればApacheが動いていることになります。

　これで外部からdockerのhttpdコンテナへの接続ができることが分かりました。

図3-4　Apacheのデモ画面

[Column] **Microsoft Edgeについて**

Windows 10の標準ブラウザであるEdgeでは、VirtualBox上のWebページの参照ができないことがあります。

その場合は、Internet Explorerなど、他のブラウザでアクセスしてください(**図3-A**)。

図3-A　Microsoft Edgeでのエラー画面

[Column] **URLにポート番号の指定なしで接続する**

今回は、Dockerの待ち受けポートと、コンテナの待ち受けポートの関係を学習するために、「-p 8080:80」としました。

しかし、次のように「-p 80:80」とすれば、ブラウザで「ポート指定なし」(通常の80番ポート)で接続できます。

```
#docker run -p 80:80 -d httpd
```

これは**「3-4　コンテナからホストOSのファイルにアクセスする」**で確認します。

■ コンテナの終了と再開

「-d」のデタッチモードのオプションを付けて、実行したコンテナを終了したいときは、「docker stop」コマンドを使います。

【実行中のコンテナを終了させるコマンド】

```
docker stop [オプション] コンテナID (またはコンテナ名)
```

オプションには、「-t 秒数」があり、停止までの時間を設定することができます。

終了したコンテナを再開(開始)したいときは、**2章**でも説明した「docker start」コマンドを使います。

● コンテナを停止してみる

では、練習で、停止と開始をしてみましょう。

まずは停止からです。

今回、生成したコンテナのコンテナIDは、本書では「**03f262ff02df**」だったので、これを指定しますが、皆さんは実際に各自で作ったコンテナIDを見て指定してください(**図3-5**)。

```
# docker stop 03f262ff02df
```

```
CONTAINER ID        IMAGE
03f262ff02df        httpd
root@ubuntu:~# docker stop 03f262ff02df
03f262ff02df
root@ubuntu:~#
```

図3-5　docker stopでコンテナを停止したところ

停止したことを確認してみましょう。
「docker ps」コマンドで確認し、「STATUS」が「Exited(0)」となっていれば、停止しています(**図3-6**)。

```
# docker ps -a
```

```
STATUS                      PORT
Exited (0) 59 seconds ago
```

図3-6　コンテナが停止している状態

● コンテナを開始してみる

その後、もう一度開始してみましょう。

```
# docker start 03f262ff02df
```

入力後、「docker ps」コマンドで、開始されていることを確認してみましょう。

「STATUS」が「Up」となっていれば、開始されています（図3-7）。

```
root@ubuntu:~# docker start 03f262ff02df
03f262ff02df
root@ubuntu:~# docker ps -a
CONTAINER ID    IMAGE         COMMAND              CREATED         STATUS
03f262ff02df    httpd         "httpd-foreground"   25 minutes ago  Up 7 seconds
root@ubuntu:~#
```

図3-7　コンテナが開始されている状態

Column　Webサーバを複数設置する場合

　1台のWebサーバで複数のWebサイトを構成する場合、複数のIPアドレスをもたせておき、接続されたIPアドレスによって区別する方法が使われます。

　しかし、Dockerの場合、この方法はとれません。

　外部に公開されているIPアドレスは、ホストOSのものだけですので、Docker上でWebサーバを複数稼働させる場合には、IPアドレスによる接続先の識別はできません。
　そのため、Dockerで複数のWebサーバを設置する場合には、工夫が必要です。

　Dockerでは「nginx」（エンジンエックス）というWebサーバ・ソフトウェアのリバース・プロキシ機能を使って、外部からのアクセスをnginxが一次受けし、対応するApacheに振り分ける方法がよく使われます（nginxについては**第5章**で説明します）。

3-4　コンテナからホストOSのファイルにアクセスする

　これまで、コンテナというものを扱ってきましたが、コンテナは、従来の仮想サーバとは異なり、"破棄されることが前提"のものです。

　そのため、ログのような、消失すると困るデータをコンテナ内に入れておくのは危険です。

■ データを永続的に保存する

　もともと、Dockerの考え方として、"コンテナは使い捨てで、使用終了時に破棄し、次のリスタート時には、また新しいコンテナを作る"という前提があります。

　そのため、ログなどの残すべきデータは、(1)アプリケーション・コンテナには入れずに、Dockerの管理外にあるホストOS（Linuxサーバ）側のディレクトリに入れるか、(2)「**永続コンテナ**」というデータ専用コンテナに入れる方法をとります。

● ホストOSの領域を、コンテナにマウントする

　「ホスト**OS**のディレクトリに入れる方法」も「永続コンテナに入れる方法」も、どちらも「マウント」を使って、他の領域に保存する方法です。

　「マウント」とは、通常、OSとは異なるデバイスにある領域をOS上のディレクトリ階層に組み込み、アクセスできるようにする技術です。

　たとえば、Linuxでは、OS上からCD-ROMのデータを読むためにCD-ROMをマウントするという操作を行ないます。

　しかし、これはOS上の任意のディレクトリをCD-ROMとの結合点とし、そこにアクセスするとCD-ROMのディレクトリに移り、CD-ROMの内容にアクセスができるようにするものです。

　このとき、OS上にある別のデバイス(CD-ROM)につながる結合点を、「**マウントポイント**」といい、つながった先のディレクトリを「**マウントディレクトリ**」と呼びます。

　また、ディレクトリをこのようにつなぐことを、「**マウントする**」と言います。

＊

　この節では、コンテナ内のあるディレクトリをマウントポイントとして設定します。

　そして、そのコンテナ外の別の領域として、ホストOS上のディレクトリにマウントして、そこにデータを出力することで、コンテナを破棄してもデータを失わないことを確認していきます（図3-8）。

　また、もう一つのマウント先の例として、Docker内にデータボリュームを設け、そこにデータを出力する方法も学びます。

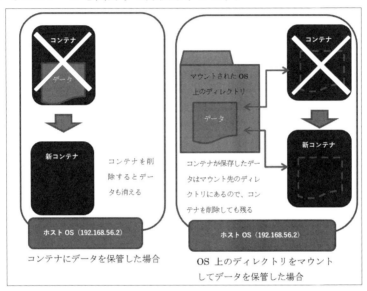

図3-8　コンテナにデータを置く場合と、マウントディレクトリにデータを置く場合の違い

　もう少し説明すると、コンテナ内の任意のディレクトリをマウントポイントとし、ホストOSの任意のディレクトリや永続コンテナのデータボリュームと呼ばれる領域を、マウントディレクトリとして接続します。

　すると、そのディレクトリに保存したデータは、ホストOSや永続コンテナに保存されます。

　ホストOSや永続コンテナのデータは失われないので、コンテナが破棄され、再度作った際でも、新しいコンテナをこのホストOSのディレクトリやデータボリュームにマウントし直せば、コンテナを破棄する前のデータ状態を、引き継ぐことができます。

■ DocumentRootをマウントする

最初に学ぶのは、**ホストOS側のディレクトリをマウントして利用する方法**です。

本来であれば、ApacheのログをホストOS側ディレクトリに入れる練習をするのがいいのですが、これを行なうには、もう少し他の知識も必要になるので、**5章**で行ないます。

ここでは代わりに、もう少し簡単なもので練習します。

*

ApacheのDocumentRoot、つまりWebサイトのトップに位置する公開ディレクトリを、ホストOSの任意のディレクトリにマウントします。

通常、Webサイトのコンテンツは、コンテナ内のこの「DocumentRoot」ディレクトリに入れることで、Webサイトとしてブラウザに表示されるようになります。

しかし、この「DocumentRoot」ディレクトリをホストOSのディレクトリとマウントして結びつけることによって、ホストOS上のマウントディレクトリにコンテンツを置くと、Apache上のサイトに反映されるようになります。

Apacheとしては、自分のコンテナ内の「DocumentRoot」ディレクトリを参照しているように見えますが、コンテンツはあくまでもマウント先であるホストOS側にあるので、コンテナを削除してもコンテンツが消えることはありません。

■ マウントディレクトリの構成

設定の前に、今回、マウントするディレクトリを説明します。

● マウントポイント

Dockerのコンテナ側は、「DocumentRoot」ディレクトリをマウントポイントにします。

なお、公式イメージの場合、Apacheの「DocumentRoot」ディレクトリのデフォルト値は、「**/usr/local/apache2/htdocs/**」に設定されています。

　ここでは、ホストOS側に、**/root/WebContents**というディレクトリを作り、そこにマウントすることにします（**図3-9**）。

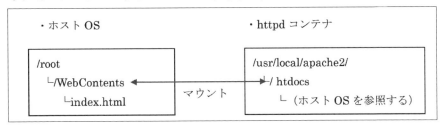

図3-9　DocumentRootディレクトリのマウント

● マウント先のディレクトリとテスト用のindex.htmlを作る

　マウントの前には、ホストOS側に「WebContents」ディレクトリを作り、あらかじめテスト用のページ「index.html」を簡単に作っておきます。

　ホストOS（Linuxサーバ）で次の操作をすると、「/root/WebContents」ディレクトリが出来、中に「Hello World!」と書かれた「index.html」ファイルが作られます。

```
# cd /root
# mkdir WebContents
# cd WebContents/
# echo "Hello World!" > index.html
```

● コンテナを実行するときにマウントする

　続いて「httpd」コンテナ（Apacheコンテナ）を実行しますが、このとき、Apacheの「DocumentRoot」（**/usr/local/apache2/htdocs**）に、このホストOSのディレクトリ（**/root/WebContents**）をマウントするオプションを指定します。

　マウントするのオプションは、「**-v**」のオプションです。
　「**-v**」オプションは「**-v ホスト側ディレクトリ:コンテナ側ディレクトリ**」の書式で記載します。

　ここでは、先の8080番ポートではなく、通常の80番ポートで検証してみましょう。
　そこで、「-p 80:80」とします。

次のコマンドを入力してください。

```
# docker run -v /root/WebContents/:/usr/local/apache2/
htdocs/ -p 80:80 -d httpd
```

　ホストOSのディレクトリをマウントするときのパスは、/の絶対パスで始めます。

　/がないと、データボリュームと判断されるので、ご注意ください(データボリュームについては、このあと説明します)。

● マウントされたことを確認する

　コンテナの動作が確認できたら、ブラウザでさっそく確認してみましょう。

　正しくマウントできていれば、DocumentRootがホストOS側のディレクトリを参照するようになり、その中に作られた「index.html」の内容(Hello World!)が表示されるはずです(図3-10)。

図3-10　ホストOS上に用意したindex.htmlをApacheが読み取っている

　なお、ホストOSにある「index.html」の中身を、viエディタなどで書き換え、ブラウザで再読み込みを行なうと、ちゃんと書き換えたページが反映されます(再読み込み時には、ブラウザ側のキャッシュをクリアしてください)。

＊

Apacheコンテナの説明はこれで終了です。

　現在、ApacheはUpになっていると思いますので、stopで終了させてください。

```
# docker stop 03f262ff02df
```

■ ホストOSに永続データを保存することは推奨されない

　このようにしてコンテナ内のディレクトリをホスト側のディレクトリにマウントしてデータを置くことで、コンテナとともにデータが破棄されることがなくなります。

　しかし、この方法によるデータの永続化は、Dockerでは推奨されていません。

＊

　その理由は、大きく2つあります。

・Dockerコンテナ側とホストOS側ディレクトリでのユーザーアカウントや権限の違いにより、意図しない動作をする可能性があること。

・ホスト側ディレクトリという、ホスト側OSの環境に依存する部分により、Dockerのもち味であるコンテナを、そのまま他のDockerにもっていって動かす、ということの足かせとなること。

　このことから、**第4章**で説明する「Dockerfile」(ドッカーファイル)を使ったコンテナ自動生成では、ホスト側OSのディレクトリにマウントすることはできない仕様となっています。

　そのため、Dockerでは、
(1)データボリュームというデータ領域を作成して保存する方法
(2)そのデータボリュームをコンテナ化したデータボリューム・コンテナを作って、保存する方法
で、永続データを保存します。

● 永続データの出力以外では頻繁に使われる

　ただし、推奨されないのは、ホストOSのディレクトリに対して永続データを出力することであり、この操作そのものはDockerでは非常によく使うので、理解してください。

　本書でも「3-8　dockerデータボリュームの内容をバックアップ・リストア

する」や、**第4章以降のアプリケーション・コンテナへの「config」ファイルの**
編集など、主にスポット的な操作では、ホストOSのディレクトリへのマウ
ントをします。

3-5　　　　　　　　　データボリューム

　今、説明したように、"ホストOSに永続的に保存する方法は推奨されませ
ん"。
　そこで、代わりの方法として、データボリュームやデータボリューム・コ
ンテナを使います。
　まずは、データボリュームを作る方法から説明しましょう。
*
　データボリュームは重要な箇所なので、ここまで使ってきたApache入り
のコンテナではなく、p.34でダウンロードしたubuntuのみのイメージを使っ
て説明していきます。

■データボリュームを作る

　データボリュームは、文字通りデータを「保存するボリューム」(領域)とな
ります。

　ここでは、コンテナのマウントポイントに、このデータボリュームをマウ
ントし、マウントディレクトリとしてデータを出力することで永続化をして
いきます。
　なお、複数のコンテナで、一つのボリュームを共用するような場合は、後
述のデータボリューム・コンテナを使用します。

　データボリュームとデータボリューム・コンテナは、意味合いが異なるの
で、混同しないように注意してください。

●データボリュームを作るコマンド
　データボリュームを作るコマンドは、次の通りです。

【データボリュームを作るコマンド】

```
docker volume create [オプション]
```

＊

　ここでオプションについては、1つだけですが、重要なものを説明します。
それは、「--name」です。

　「--name」は、データボリュームに"任意の名前をつける"オプションです。

　指定しなかった場合は、「ランダムなボリューム名」(anonymous volume)
が付きます。

　しかし、コンテナから接続するにあたっては、ボリューム名を決めておか
ないと不便なので、基本的には、名前を付けてデータボリュームを作ります。

● データボリューム作成の流れ

　以下では、ubuntuのコンテナを破棄・作成しても、データボリュームを使
うことでデータの引継ぎが行なわれることを、次の手順で試します。

[1]ホストOSにデータボリュームを作る
[2]データボリュームをマウントした、"アプリケーション・コンテナ"であ
　　るubuntuコンテナAを作る
[3]ubuntuコンテナAのマウントポイントでファイルを作る
[4]ubuntuコンテナAを破棄
[5]同じデータボリュームをマウントした、別の"アプリケーション・コンテ
　　ナ"であるubuntuコンテナBを作る
[6]ubuntuコンテナBで、以前のファイルを見れることを確認

　作るデータボリュームの名前は、「datavolume」とします。

　そして、ubuntuコンテナのマウントポイントは「/tmp」、作るファイルは
「data.txt」とします(表3-1)。

　このようにマウントすることで、ubuntuコンテナの「/tmp」に作ったdata.
txtは、データボリュームに保存されます(図3-11)。

表3-1　データボリューム名マウントポイント作成ファイル

データボリューム名	datavolume
コンテナのマウントポイント	/tmp
作成ファイル	data.txt

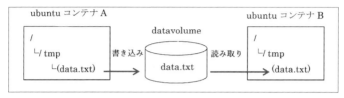

図3-11　datavolumeを介して、他のコンテナで作ったデータを読み取る

● データボリュームを操作してみる

では、始めましょう。

*

手 順　データボリュームを操作する

[1] Docker上にデータボリュームを作る

まずは、データボリュームを作ります。

今回は「--name」オプションを使い、「datavolume」という名前を付けてみます。

```
# docker volume create --name=datavolume
```

[2] データボリュームを確認する

出来たでしょうか。

データボリュームを確認するコマンドは「docker volume ls」というものになるので、一度、確認してみましょう。

実行の結果、「VOLUME NAME」列に「datavolume」が表示されていることを確認してください（**図3-12**）。

```
# docker volume ls
```

```
root@ubuntu:~# docker volume create --name=datavolume
datavolume
root@ubuntu:~# docker volume ls
DRIVER              VOLUME NAME
local               datavolume
root@ubuntu:~#
```

図3-12　datavolumeという名のデータボリュームを作る

[3] データボリュームをマウントしたubuntuコンテナAを作る

続いて、データボリュームをマウントしたubuntuコンテナAを作ります。

今回は、コンテナ側のマウントポイントを「/tmp」にします。
マウント元は、先ほど名付けたdatavolumeとします。

ここでは、ubuntuコンテナAを「/bin/bash」で操作しながら確認していきます。

以下のように入力してください。

```
# docker run -it -v datavolume:/tmp/ ubuntu /bin/bash
```

無事、マウントして、いつものbash入力になったでしょうか。
プロンプトが切り替われば、成功です。

[4] ubuntuコンテナAのマウントポイントでファイルを作る

ubuntuコンテナAに入ったら、その「/tmp」の中にファイル「data.txt」を作ってみましょう。

この「/tmp」はマウントポイントとしているので、実際はデータボリュームという、コンテナとは別の領域を指します。
つまり、「data.txt」は、データボリュームに格納されることになります。

ここで作る「data.txt」は、後ほど"別のコンテナBを作って、そのコンテナから、このコンテナAで作ったファイルを引き継げるかどうか"の確認として使います。

普通、ファイルを編集するには、viエディタなどを使いますが、コンテナのubuntuにはviエディタがありません。
そこで、「touch」コマンドなどを使って作ります（図3-13）。

 「touch」コマンドは、"空のファイルを作る"コマンドです。

「touch [ファイルパス]」と入力すると、"空のファイル"を作れます。
ここでは、「touch /tmp/data.txt」と入力することで、「/tmp/data.txt」を作ります。

```
root@ubuntu:~# docker run -it -v datavolume:/tmp/ ubuntu /bin/bash
root@a4f331e4b591:/# touch /tmp/data.txt
root@a4f331e4b591:/#
```

図3-13　touchコマンドを使って、データボリュームにファイルを作る

[5] ubuntuコンテナAを破棄

「/tmp/data.txt」ファイルを作ったところで、一度「exit」と入力してコンテナAを終了し、このコンテナを消去（「docker rm コンテナID」）をしましょう（図3-14）。

```
# exit
# docker rm コンテナID
```

```
root@ubuntu:~# docker rm a4f331e4b591
a4f331e4b591
root@ubuntu:~#
```

図3-14　コンテナAを消去する

コンテナが消えれば、通常なら、「/tmp」内のファイルも消失します。

しかし、今回、「/tmp」はデータボリュームにマウントされ、データファイルはそこに書かれているので、消えていないはずです。

[6] 同じデータボリュームをマウントした、ubuntuコンテナBを作る

では、データファイルが残っていることを、再度データボリュームにマウントさせた、コンテナBを新たに作ることで、確認しましょう。

コンテナBを起動するコマンドは、最初のコンテナAのときとまったく同じです。

```
# docker run -it -v datavolume:/tmp/ ubuntu /bin/bash
```

このコマンドでは、新しいコンテナIDで、再度、コンテナが作られます。つまり、先ほど消したコンテナAとは、別物になります。

[7] ubuntuコンテナBで、以前のファイルが見れることを確認

では、「/tmp」ディレクトリの下を確認してみましょう。

確認するには、「ls /tmp/」のようにして「tmp」ディレクトリの中身を調べます。

　コンテナを破棄し、新しいコンテナを作ったにも拘^{かか}わらず、先ほど作った
「data.txt」は残っています（図3-15）。

```
root@ubuntu:~# docker run -it -v datavolume:/tmp/ ubuntu /bin/bash
root@e724b9580cef:/# ls /tmp/
data.txt
root@e724b9580cef:/# █
```

図3-15　新しいコンテナBから、データボリュームのデータを確認する

　このように、データボリュームは、コンテナの生成・破棄によらず、残り
続けます。

　そこで、永続化したいデータは、コンテナにマウントしたデータ ボリュー
ム・ディレクトリに保存するようにします。

(Column) **匿名データボリュームに注意**

　データボリュームを作るとき、マウント元のデータボリューム名を指定
せずに、

```
# docker run -it -v /tmp/ ubuntu /bin/bash
```

としても、データボリュームを作れます。

　この場合、dockerによって乱数で名づけられたボリュームになります。
　このボリュームを、「匿名データボリューム」（anonymous volume）と呼
びます。

　乱数で表わされたデータボリュームは、名前を付けたデータボリューム
に比べると内容が見えにくく、特に今回のように、再度、新しいコンテナ
で接続する際に、判別しづらい状況に陥ります。

　手軽に作れる一方、内容の分かりにくいデータボリュームを量産してし
まいやすいので、できるだけ"名前を付けたデータボリューム"を作るよ
うにしましょう。

```
root@ubuntu:~# docker volume ls
DRIVER              VOLUME NAME
local               26b92bb5ab4f4b5d92638d17702d3f0cf2614519c859033d348b6ef2f1e48858
```

図3-B　ボリューム名を指定しないと、非常に扱いづらいボリューム名となる

■データボリュームの管理

　では、少々惜しいですが、次のステップのために、このデータボリューム
を削除しましょう。

＊

　データボリュームを削除するには、そのデータボリュームを利用している
コンテナを、先に削除しなければなりません。

　まずは、「exit」してコンテナBから抜けて、それから、「docker rm コンテ
ナBのID」と入力して、このコンテナBを削除してください。

```
# exit
# docker rmコンテナID
```

　コンテナを削除したら、データボリュームを削除します。
　データボリュームを削除するコマンドは、次の通りです。

【データボリュームを削除するコマンド】

```
docker volume rm ボリューム名
```
（ボリューム名を確認するには「docker volume ls」で表示される「VOLUME
NAME」を見ます）。

　今回、作ったボリューム名は、「datavolume」です。
　ですから、次のように指定します（図3-16）。

```
root@ubuntu:~# docker rm e724b9580cef
e724b9580cef
root@ubuntu:~# docker volume ls
DRIVER              VOLUME NAME
local               datavolume
root@ubuntu:~# docker volume rm datavolume
datavolume
root@ubuntu:~#
```

図3-16　コンテナを削除し、ボリュームを削除する

Column まとめてデータボリュームを削除するには

今回は、まだ数が少ないですが、Dockerでイメージやコンテナを試行錯誤して作っていると、不要なボリュームがいつのまにか溜まっていることがあります。

不要なデータボリュームをまとめて削除したいときは、prune を指定します。
これで、コンテナにマウントされていないものを、まとめて削除することができます。

```
# docker volume prune
```

3-6　　データボリューム・コンテナ

次に、データボリューム・コンテナの説明をします。

■ データボリューム・コンテナの仕組み

先ほどは、データボリュームという領域を扱いましたが、こんどは、**データボリューム・コンテナ**という、"データ専用のコンテナ"を扱います。

データボリューム・コンテナは、他の複数のコンテナから参照することができます。
たとえば、さまざまなコンテナのログファイルを集約するデータボリュームとして使ったりできます。

● マウントポイントの性質
ここで、少しデータボリュームについて整理します。
＊
データボリューム「datavolume」に対して、接続するコンテナとして「ubuntu_A」と「ubuntu_B」があったとします。
そして、それぞれが出力するデータを「data_A.txt」「data_B.txt」とします。

このとき、データボリュームのマウントの仕方によって、「ubuntu_A」

「ubuntu_B」からのデータの見え方が変わります。

図3-17の場合は、どちらのコンテナもデータボリュームに対するマウントパスが同じであるため、ubuntu_Aまたはubuntu Bが、お互いのファイルを参照できます。

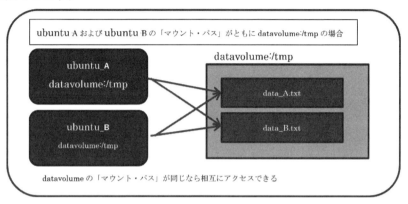

図3-17　両コンテナが同じマウントポイントのとき相互にアクセスできる

しかし、マウントパスが異なると見えなくなり、共有できなくなります。

たとえば、図3-18において、「ubuntu A」のコンテナ上から「ls /tmp」を実行しても、「/tmp/ ubuntu_B」ディレクトリは表示されません。

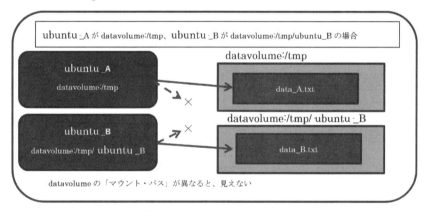

図3-18　マウントパスが異なると、双方のマウント先が見えなくなる。

そのため、複数のアプリケーション・コンテナ間でデータを共有したい場合は、データボリュームに対して、マウントパスを統一する必要があります。

● データボリューム・コンテナとは

データボリューム・コンテナとは、"あらかじめ決めたマウントパスに接続したコンテナ"のことです。

データを共有するアプリケーション・コンテナは、データボリューム・コンテナのマウントディレクトリを通じて、各アプリケーション・コンテナのデータに相互にアクセスします(図3-19)。

後ほど出てきますが、データボリューム・コンテナを利用する命令は、「volumes-from データ ボリュームコンテナ名」です。
データボリュームを指定するのに比べ、命令が少し簡素になります。

ただし、データボリューム・コンテナを使った場合、マウントポイントは共有の仕様上、すべて同じ位置になります。
(図3-19の例では「ubuntu_A」も「ubuntu_B」も、ともに「/tmp」がマウントポイント)

マウントポイントの作成位置は、各アプリケーション・コンテナのディレクトリを見て、動作に影響しない位置に、適切に決める必要があります。

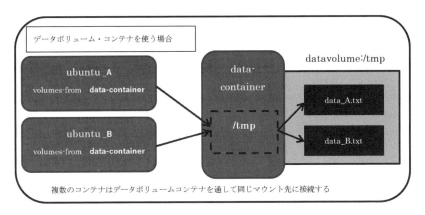

図3-19 データボリューム・コンテナを使って、複数のコンテナのデータを格納する

■ データボリューム・コンテナを作る

前置きが長くなりましたが、ここからはデータボリューム・コンテナを実際に作っていきましょう。

…と言っても、まったく新しいことをするのではなく、先ほどのデータボリューム作成の延長です。

＊

ここでは、以下のデータボリュームおよびデータボリューム・コンテナを作ります。

データボリューム名	datavolume
データ専用コンテナ名	data-container

手 順　データボリューム・コンテナを作る

[1] データボリュームの作成

もう一度、復習もかねて、データボリュームを作るところから始めましょう。

まずは、データボリュームを作ります。
今回のデータボリューム名も「datavolume」とします。

```
# docker volume create --name=datavolume
```

[2] データ専用コンテナを作成

続いて、データボリュームをマウントした、データ専用コンテナを作ります。

「3-5　データボリューム」では、データをコンテナからデータボリュームに直接出力しましたが、今回はデータ専用コンテナを作り、アプリケーション・コンテナは、そのデータ専用コンテナを通して、データボリュームに書き込みます。

データ専用コンテナを作る方法は、普通のコンテナを作る方法と同じですが、直接中身を操作することはありませんので、一つを除きオプションは不

要です。

　必要な一つのオプションとは、他のコンテナから参照できるようにするため、コンテナに名前をつける「--name」です。

　ここでは、データ専用コンテナを「data-container」と名付けます。

　また、このとき、「-v」オプションを付けて、「/tmp」ディレクトリに対して、[1]で作った「datavolume」を結び付けておきます。

```
# docker run --name=data-container -v datavolume:/tmp ubuntu
```

　データボリューム・コンテナは、これで完成です。
                                  ＊
　データボリューム・コンテナは、このように、単にデータボリュームをマウントしただけのコンテナです。

[3] アプリケーション・コンテナが、データボリューム・コンテナを使えるようにする
　次に、データボリューム・コンテナを利用する側――つまりアプリケーション・コンテナ側を設定します。

　利用する側は、コンテナの作成時に「--volumes-from データボリュームコンテナ名」オプションを指定します。

　では、お馴染みの「docker run -it ubuntu /bin/bash」コンテナで、データボリューム・コンテナを使えるようにしてみましょう（図3-20）。

```
# docker run --volumes-from data-container -it ubuntu /bin/bash
```

```
root@ubuntu:~# docker run --volumes-from data-container -it ubuntu /bin/bash
root@10126c17753e:/#
```

図3-20　データボリューム・コンテナを使うための設定

　これで、データボリューム・コンテナに接続したコンテナができました。

　マウントポイントは、データボリューム・コンテナを作った際に、マウント指定した「/tmp」となります。

ですから、コンテナで「/tmp」に出力したファイルは、先ほどと同じように「datavolume」に保存されます。

■ データボリューム・コンテナの特殊性

データボリューム・コンテナは、
①作り方は通常のコンテナと類似する
②データボリューム・コンテナを使う場合は、利用する側のコンテナに「volume-from」を使う
というだけなので、他のコンテナと同じように思えますが、一つ大きな特徴があります。

それは、データボリューム・コンテナは、"稼働していなくても利用できる"という点です。

先ほどの、**手順[2]**では、データボリューム・コンテナを「docker run」していますが、「/bin/bash」を指定していないので、すぐにコンテナが停止します。

それにも拘わらず、**手順[3]**にて、利用する側のコンテナは、このデータボリューム・コンテナのデータボリュームを利用できます。

このように、データボリューム・コンテナは、コンテナそのものは特に動作していませんが、この状態で利用するものである点を、覚えておきましょう。

● 全削除の際の注意

「docker container prune」というコマンドは、"停止中のコンテナを削除する"コマンドで、不要なコンテナを削除するときによく使います。

データボリューム・コンテナは、停止中であるため、このコマンドを実行すると、データボリューム・コンテナも削除されてしまうので、注意してください。

もちろん、データボリューム・コンテナの元となるデータボリュームが消えるわけではないので、再度、"同じデータボリュームを参照する、同じ名

前のデータボリューム・コンテナ"を作れば復旧できます。

　しかし、Dockerに慣れないうちは、うっかりデータボリューム・コンテナを消去して、データボリュームが消去されたと思い込みやすいので、データボリュームとデータボリューム・コンテナをしっかり理解しましょう。

Column　data volume createなしでも、データボリュームを作れる

　本文中では、データボリュームの作成の流れをしっかり把握するために、「data volume create」して、データボリュームを作っていますが、この部分は、省略することも可能です。

　「data volume create」していなくても、データボリューム・コンテナを作る命令を実行する際に、マウント元のデータボリュームがなければ、自動的に作られます。

　つまり、何もない状態で、

```
# docker run --name=data-container -v datavolume:/tmp ubuntu
```

を実行すると、「datavolume」というデータボリュームを作りながら、「data-container」というデータボリューム・コンテナを作ります。

3-7　応用編）busyboxを使った、軽量なデータ・コンテナを作成する

最後に、データボリューム・コンテナに関する知識を補足しておきます。

以下で行なう内容は、これまで説明してきたものと同じです。
ここまでの知識で充分でしたら、この節は読み飛ばしてかまいません。

■データボリューム・コンテナは軽量OSを使う

Apache公式イメージを除けば、**第2章**から、この節の直前のデータボリューム・コンテナの作成に至るまで、ubuntuのイメージをOSとして使ってきました。

しかし、Dockerでは、必ずしもDockerで使うOSイメージを揃える必要はありません。
むしろ、データボリューム・コンテナのような最低限の機能でいいときは、非常に"軽量のOS"を選択するほうが有利です。

＊

Dockerでデータボリューム・コンテナとして、よく利用されるのが、busyboxと呼ばれるLinux OSです。

busyboxは非常に軽量なOSで、これまで、主に小型デバイスの組み込みOSとして利用されることが多かったのです。

しかし、そのリソース消費の少なさが、Dockerの環境にマッチし、データボリューム・コンテナのような、必要最低限のコンテナで充分なときに、用いられるようになりました。

■busyboxを使ってデータボリューム・コンテナを作る

以下では、「busybox」を使って、データボリューム・コンテナを作り、ubuntuのコンテナで利用します。

作る名前は、データボリュームを「bb-volume」、データボリューム・コンテナを「bb-container」とします。

データボリューム名	bb-volume
データ専用コンテナ名	bb-container

手 順 busyboxを使って、データボリューム・コンテナを作る

[1] busyboxイメージをダウンロードする

まずは、新しいOSイメージのbusyboxを「pull」します。

```
# docker pull busybox
```

[2] データボリューム・コンテナを作る

できたでしょうか。

次は、データボリューム・コンテナを作ります。

今回は、マウントポイントとして「/shared」ディレクトリを指定することにします。

このディレクトリは、デフォルトのコンテナにはありませんが、ないディレクトリを指定した場合は、データ ボリュームのマウント時に自動的に作られます。

なお、ここでは「data volume create」もしていませんが、こちらも「docker run」時に、データボリューム名とマウントポイントを指定することで、自動的に生成されます（p.107のコラム参照）

```
# docker run --name=bb-container -v bb-volume:/shared busybox
```

[3] データボリューム・コンテナを利用する、別のコンテナを作る

できたでしょうか。

では、このbusyboxのデータボリューム・コンテナを利用した、ubuntuコンテナを作ります。

```
# docker run --volumes-from bb-container  it ubuntu /bin/bash
```

このように、利用される側のデータボリューム・コンテナと、利用する側のアプリケーション・コンテナとで、ベースとなるOSが違うものでも、データボリューム・コンテナ接続ができます。

■ サイズの違いを確認する

では、最後に、ubuntuとbusyboxとで、コンテナとしてのサイズがどれだ
け変わるかを見てみましょう。

*

コンテナの大きさを確認するには、「docker ps」コマンドの「-s」オプション
を使います。

そして、データボリューム・コンテナは基本的に停止中なので、「-a」オプ
ションも使って、

```
# docker ps -as
```

として確認します。

図3-21に示すように、「NAMES」と「SIZE」の項目で「data-container」と
「bb-container」とを見比べると、一目瞭然です。

ubuntuコンテナである「data-container」は「112MB」に対し、busyboxコン
テナである「bb-container」は、「1.15MB」しかありません。

```
NAMES              SIZE
bb-container       0 B (virtual 1.15 MB)
data-container     0 B (virtual 112 MB)
```

図3-21　「bb-container」(busybox)と「data-container」(ubuntu)のサイズの違い

このように、busyboxのコンテナは非常に"小型"になり、"リソース消費
が少ない"というメリットがあります。

Column **軽量OSとその利用について**

　ここでは、データボリューム・コンテナとしてbusyboxを使いましたが、アプリケーション・コンテナを作るときには、同じく軽量Linuxとして、最近はApline Linuxが利用されることも多くなってきました。

　Apache公式イメージでも、「docker pull」時に「alpine」を指定（docker pull httpd:alpine）することで、Apline LinuxベースのApacheイメージを取得できます。

　軽量OSは、単体で見たときには、"動作が軽い"というメリットがありますが、Dockerでは、ベースOSが同じコンテナは、"リソースを共有する"効果もあります（詳しくは**第5章**で説明します）。

　そのため、大量のコンテナを積む予定のあるDocker環境では、不揃いのOSで構築されたシステムよりも、ある程度、ディストリビューションを揃えてリソース共有効果を得ることのメリットなど、組み合わせ方も考慮する必要があります。

3-8 Dockerのデータボリュームの内容を、バックアップ・リストアする

　ここまでで、データボリュームやデータボリューム・コンテナの使い方は、おおよそ分かったでしょうか。

　次に、データボリュームの内容をバックアップおよびリストアする方法を説明します。

■ データボリュームをバックアップする方法

　とは言っても、データボリュームのバックアップは、特別なコマンドではありません。

　データボリューム・コンテナのマウント先ディレクトリを、単純にtarで固め、ホスト側OS——つまり、Dockerの外にあたる、大元のLinuxにある

ディレクトリに書き出すためのコンテナを作って実行、というシンプルなものです。

また、リストアもその逆の流れになります（図3-22）。

そのため、コマンドは長くて難しく感じるかもしれませんが、よく見ると基本的なものを組み合わせているだけなので、安心してください。

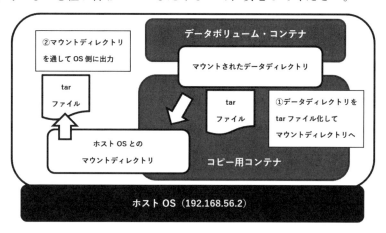

図3-22　データボリューム・コンテナのデータを、Docker外に保存する全体的な流れ

■ バックアップ

今回は「3-6　データボリューム・コンテナ」で作った、「data-container」を例とし、バックアップする方法を説明します。

全体の流れとしては、データボリュームをtarで固めた後、ホストOS側のディレクトリに保存する形となります。

保存先は、カレントディレクトリ（本書では「/root」）に、「container-bkup.tar」という名前で保存するものとします。

保存先ディレクトリ	/root
圧縮ファイル名	container-bkup.tar

なお、「3-6　データボリューム・コンテナ」で作ったデータボリューム・コンテナは、以下のとおりです。

データボリューム名	datavolume
データ専用コンテナ名	data-container
データボリュームマウントポイント	/tmp

今回のコマンドは、以下の4点を一行に含めたコマンドになります。

> ・バックアップデータ取得のため、データボリューム・コンテナに接続する
>
> ・バックアップデータ保存のため、ホストOSのディレクトリに接続する
>
> ・バックアップファイル（tar）を作るためのコマンドを実行する
>
> ・これらを行なうためのコンテナを作る

Docker上のデータボリューム・コンテナから、通常のホストOS上のディレクトリへ、データが出力される流れは、図3-23に示す形です。

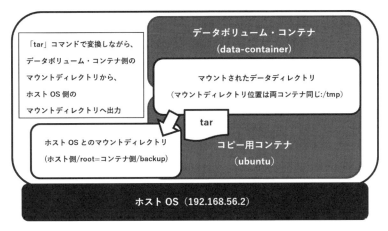

図3-23　データボリュームからホストOSへの移動は、コンテナを使う

● バックアップを実行する

詳細は、コマンドを実行した後に説明します。

まずは、下記を入力してみましょう。

```
# docker run --volumes-from data-container -v /root/:/
backup ubuntu tar cvf /backup/container-bkup.tar -C / tmp
```

> ※紙面の都合上改行していますが、一行で書きます。

最後は、「-C△/△tmp（△は半角スペース）」です。

　コマンドを実行したら、ホストOS側のカレントディレクトリを見て、「container-bkup.tar」ファイルが出来ていることを確認しましょう（**図3-24**）。

```
root@ubuntu:~# ls container-bkup.tar
container-bkup.tar
root@ubuntu:~#
```

図3-24　バックアップデータがホストOS上（＝docker外）のディレクトリに出力されていることを確認する

● バックアップコマンドの意味

コマンドの意味を、一つ一つ順に追ってみましょう。

まずは、コンテナを作っているので、「docker run」が元になります。

　続いて、バックアップ対象である、データボリューム・コンテナに接続するため「--volumes-from data-container」を記述します。
これは「**3-6　データボリューム・コンテナ**」で説明した内容ですね。

　そして、バックアップ先として、ホストOS側のカレントディレクトリの「/root/」を指定し、今回、バックアップ用コンテナに「**/backup**」という、一時的なディレクトリを作り、「-v」でマウントします。

次に、イメージ指定で、ubuntuを指定しています。

　そして、ubuntuの次は、コンテナ作成後に動作させるコマンドですが、「tar cvf /backup/container-bkup.tar -C / tmp」というコマンドを指定しています。

　このコマンドを、ubuntuコンテナに流します。

＊

　このtarコマンドは、通常のLinuxコマンドですが、作成アーカイブとして、先ほど作った「/backup」ディレクトリ(=ホスト側OSのカレントディレクトリにマウント)を指定し、バックアップ元として、/tmp (データボリューム・コンテナのデータボリューム・マウントにマウント)を指定しています。

　ホストOSへのマウントは「3-5　データボリューム」で学びました。

　tar cvfの-Cオプションは「**指定のディレクトリに移動(cdコマンド)してから対象のディレクトリをバックアップする**」というもので、「-C / tmp」で/(ルートディレクトリ)移動してから、その下の「tmp」ディレクトリをアーカイブ対象にしています。

＊

　通常、アーカイブを作るときには、(「cd」コマンドを使うなどして)その圧縮対象ディレクトリにカレントを移して、「tar」を行なうことが多いです。

　しかし、dockerコンテナに引き渡せるコマンドは、基本的に"一行"であるため、"カレントに移動して、アーカイブする"という2段階操作には、工夫が必要です。

　そのため、今回はtarの「-C」オプションを使いましたが、bashの「-c」オプションを使用して、2つのコマンド (つまり「cd /」および「tar cvf /backup/container-bkup.tar tmp」)を引き渡す方法もあります。

＊

　このバックアップ・コンテナを作成・実行すると、バックアップが行なわれ、完了後は終了します。

　終了したコンテナは削除してもかまいませんが、[docker start]でバックアップ・コンテナを、再度、実行すれば再利用できます。

Column　絶対パスでアーカイブする

　tarアーカイブを絶対パスで取得すると、展開時にそのディレクトリ構造が再現され、非常に深くなることが多くなるので、本文中でやっているように、そのディレクトリに移動してから、『相対パス』で取得するというのが基本です。

　ただし、警告は出ますが、絶対パスで取得することもできます。
　その場合は、tarの「-C」オプションを使わずに、「**tar cvf /backup/ container-bkup.tar /tmp**」を実行コマンドとして指定します。

■ リストア

　リストアは、基本的に、バックアップ操作の"逆"です。

　カレントディレクトリに「container-bkup.tar」があるとして、同じようにマウントし、「**tar xvf**」コマンドで戻します。

　具体的なコマンドは、次のようになります(図3-25)。

```
# docker run --volumes-from data-container -v /root/:/backup ubuntu tar
xvf /backup/container-bkup.tar -C /
```

※上記は改行せず、一行で入力します

```
root@ubuntu:~# docker run --volumes-from data-container -v /root/:/backup ubuntu tar xvf /backup/container-bkup.tar -C /
tmp/
root@ubuntu:~# []
```

図3-25　リストアする

　ここで、説明する点があるとすれば、渡している「tar」コマンドの部分でしょうか。

　作成された「container-bkup.tar」には、親フォルダである「tmp」を頂点としてツリーが構成されていますので、展開すると「tmp」ディレクトリも再現されます。

そのため、展開ディレクトリを「-C」で「/」とすることで、その下に「tmp」ディレクトリが作られます(すでにある場合は統合)。

*

3章では、主に「ネットワークポートによるコンテナ外部との通信」、そして、「データボリュームによるコンテナ外部へのデータアクセス」を学びました。

「アプリケーション・コンテナ」を構築するのに必要な知識が大分そろってきました。

次の章では、Dockerfileによる構築を学んでいきます。

Column　**データボリュームはどこに？**

今回、データボリュームを何度も作ったかと思いますが、このDocker上で作られたデータボリュームは、どこに保存されているのでしょうか。

実は、普通にホストOS(Linuxサーバ)上のディレクトリにあります。

その情報を確認するには、docker volume inspectコマンドを使用します。

引数として、データボリューム名を指定することでデータボリュームの詳細が表示されます。

このときMountpointの項目に、ホストOS上での位置が表示され、ルート権限があれば、その内容に触れることもできます(**図3-C**)。

```
root@ubuntu:~# docker inspect datavolume
[
    {
        "Driver": "local",
        "Labels": [],
        "Mountpoint": "/var/lib/docker/volumes/datavolume/_data",
        "Name": "datavolume",
        "Options": [],
        "Scope": "local"
    }
]
root@ubuntu:~# █
```

図3-C　データボリュームはホストOS上に普通に存在している

第4章

Dockerを活用する

これまで、コンテナの作成や実行は、1つずつコマンドを入力することで行なっていました。

4章では、あらかじめコマンド操作をファイルに記述し、それを実行するだけでまとめて行なえる、Dockerfileについて説明します。

4-1　Dockerfileを作ってみよう

第2章では、「Docker Hub」から「イメージ」を取得して「コンテナ」を作り、その「コンテナ」にアプリケーションを入れて、新たな「イメージ」を作る——という流れを学習しました。

その際に、すべての操作が、コマンドラインでした。

この方法は、小規模なコンテナでは問題ありませんが、規模が大きくなるにつれて、コマンド入力の手間や、入力ミスのリスクが増えていきます。

■コマンド操作をバッチ処理するDockerfile

Dockerでは、"コンテナの破棄と作成は、頻繁に行なわれるべきである"という方針です。

そのため、あらかじめコマンド操作をファイルに記述し、それをバッチ処理できるようにする仕組みがあります。

このときの操作を記述したファイルを、「Dockerfile」と呼びます。

Dockerfileは、「イメージの取得」「コンテナの生成」および「アプリケーションの導入」「新規イメージの生成」を、自動で行なうための、「設計図」のようなものです。

　Dockerfileを用いることで、複雑なイメージの作成を容易にできるほか、Dockerfileさえあれば、他のホストOSでも、同じ環境を用意できます。

　たとえば、システムのバージョンアップ等で、本番環境とは別の環境にテスト環境が欲しいと思った場合でも、すぐに同じ環境を用意することができます。

■ Dockerfileの注意点

　DockerがDockerfileを使ってイメージを作ることを、「build」(ビルド)と言います。
　ここでは簡単なイメージをbuildしながらDockerfileを学んでいきます。
＊
　実際に作る前に、先に3つほど注意点を説明します。

①ファイル名はDockerfileとすること
　Dockerがbuildする際、指定したディレクトリにある「Dockerfile」を読み込みます。
　オプションを指定すれば、別名でも読み込めますが、通常は「Dockerfile」とするのがルールです。

②Dockerfileを配置したディレクトリには、余計なものは置かない
　Dockerfileをbuildする際、DockerはDockerfileのあるディレクトリ、または、そのサブディレクトリ以下にあるファイルを「Docker Daemon」に送り込んで、処理します。

　そのため、それらのディレクトリに余計なものがあると、非常に重くなりますので、Dockerfileを扱うときは、基本的に新規ディレクトリの中にDockerfileを作り、buildに必要なものだけを置くようにしてください。

Column **Daemonとは**

「Daemon」（デーモン）という用語は、Linuxに慣れていない方には、あまり馴染みのない言葉かもしれません。

それというのも、Daemonとは、そのアプリケーションの中核となるプログラムであり、「Docker Daemon」もコンテナの管理をはじめ、Dockerとして重要な機能の処理を担っていますが、通常、ユーザーが直接操作することはないので、表舞台にはあまり出てきません。

＊

Dockerが各種の処理を行なうにあたり、私たちがDockerに対してコマンドを入力して命令していますが、この命令を受け付けているのは、実際に処理する「Docker Daemon」ではなく、「Docker Client」です。

「Docker Client」は、受けたコマンドが正しいかどうかチェックし、間違っていればエラーとして、その場でユーザーに返します。

正しければ、その命令をDocker ClientがDocker Daemonに送り、晴れてDocker上で必要な処理が行なわれます。

③コマンドは、なるべく1命令でまとめる

Dockerfileでは、イメージを取得後、コンテナを生成し、そこにアプリケーションのインストールを行ないます。

しかし、コンテナに対して1つの命令が実行されるごとに、1つの中間イメージレイヤーが作られます。

第2章では、レイヤーの数に上限がある、ということを説明しましたが、そのレイヤーの数を抑制するため、命令をまとめるようにします。

※具体的なまとめ方は、実際の作成時にまた説明します。

Column 除外ファイルについて

Dockerfileを置いたディレクトリには、基本的に余計なものは置かないルールですが、どうしても置かざるを得ないときには、除外ファイルを置くことで、それらをbuild対象から外すことができます。

除外ファイルは「.dockerignore」という名前で、Dockerfileと同じディレクトリに置き、中身に除外するファイルやディレクトリを記述します。

「.dockerignore」ファイルには、

```
# コメント
*/temp*
*/*/temp*
temp?
```

のように、コメント行やワイルドカードも使えます。

■ Dockerfileを作ってみよう

では、これらの注意点を踏まえつつ、Dockerfileを作っていきましょう。

2番目の注意事項に示した理由から、最初に一つ、新規にディレクトリを作ります。

手 順 Dockerfileを作る

[1]新規ディレクトリとDockerfileの作成

新規ディレクトリ名は、任意のものでかまいません。

ここでは、今回、学習するDockerfileを略して「DF」というディレクトリを作ることにします。

ディレクトリを作ったら、cdコマンドでカレントディレクトリをDFに変更し、viコマンドを使って、「Dockerfile」という名称で、テキストファイルを作ります。

新規ディレクトリ名	DF
DockerFileのファイル名	Dockerfile

```
# cd /root
# mkdir DF
# cd DF
# vi Dockerfile
```

このときのディレクトリの構造は、下記の通りです。

```
/root
└/DF
   └Dockerfile
```

> ※Docker Desktop for Windowsの場合、任意の場所に作業用フォルダを作成し、そこに「cd」
> コマンドでカレントフォルダを移しておいてください。Dockerfileは拡張子なしのテキストファ
> イルです。メモ帳等で作成してください。

[2] Dockerfileに命令を書く

では、viで開いているDockerfileに、命令を書いていきましょう。

今回は、**第2章**で行なった"ubuntuのイメージにpingをインストールした
イメージ"を作ります。

＊

>
> viは、Linuxで非常によく使われているテキスト・エディタの「viエディタ」を起動する
> コマンドです。
> 　コマンドモードと入力モードの2つがあり、最初はコマンドモードではじまります。
> 　入力モードに切り替える（aやiをタイプすることで切り替わる）ことで、テキストファ
> イルに入力ができます。
> 　詳細な操作方法に関してはLinuxの入門書等にて確認してください。

＊

使うコマンドは2つです。

ひとつはイメージを取得する「FROM」、もう一つはイメージから生成した
コンテナに対するコマンドを実行する「RUN」です。

これを使って、以下のように記述します。
（「#」の行は、コメント行です。お好みで記述してください）

```
# ubuntuの取得
FROM ubuntu

# リポジトリ更新後、pingインストール
RUN apt-get update && apt-get install -y iputils-ping
```

上記、入力できたでしょうか（**図4-1**）。

図4-1　viエディタで入力したファイル内容(「#」の行は省略してもかまいません)

　上記が書けましたら、保存してviエディタを閉じます。

＊

　現在、viエディタは入力モードなので、一度[ESC]キーでコマンドモードに切り替えます。

　コマンドモードになったら「:wq」と入力すると保存して閉じることができます。

＊

　では、説明を続けましょう。

① FROM

　まず、「FROM」は新しいイメージを作るためのベースとなるイメージ名を指定するものです。

　イメージには、「**イメージ名[:タグ名]**」という書式で、タグ名を省略した場合には「latest」となるのはこれまでと同じです。

　なお、FROMはコメント行を除き、"**1行目**"に書きます。

② RUN

　続いて「RUN」命令です。

　新しいDockerイメージを作るために、「RUNコマンド」を使ってubuntuコンテナ上でコンテナを作りこんでいきます。

　RUN命令では、まず、リポジトリの更新を行ないます。

　そして、その後にpingのインストールを行なっています。

＊

　ここでは2点に注意します。

　まず、「apt-get install」ですが、今回は対話形式ではなくスクリプト処理になりますので、「-y」をつけて確認なしでインストールをします。

そして、もう一つは、コマンドをつなげることです。

通常であれば、以下のようにしますが、この書き方の場合、それぞれの RUN が実行するごとに中間イメージレイヤーが、1つずつ作られるので合計 2つぶんのレイヤーが作られます。

```
RUN apt-get update
RUN apu-get install -y iputils-ping
```

そこで、コマンドを「&&」でつないで、ひとつにまとめることで、レイヤー 作成を1つに抑えます。

このようなレイヤー節約の手法は、Docker では非常に多く使われます。

＊

（Column）　「apt」と「apt-get」

今までは、ubuntuのインストールでは「apt」を使ってきましたが、ここ では「apt-get」（または「apt-cashe」）を使います。

aptは、ターミナル用として最適化されており、Dockerfileのようなス クリプトで使うと、Warning が表示されます。

そこでDockerfile では、apt-get を使って記述します。

[3]イメージの作成

Dockerfile が書けましたら、build を行なってイメージを作ります。

buildのコマンドは「docker build」ですが、その際にイメージに名前を付け ておきます。

名前を付けるオプションは「-t イメージ名 [:タグ名]」です。

今回は、特にタグの指定をせず、ping-image という名前を付けます。

また、Dockerfile を配置したディレクトリを指定する必要がありますが、現 在、カレントディレクトリはDockerfileのある「DF」になっていますので、カ レントディレクトリを示す「.」として指定します。

以上を総合すると、コマンドは以下のようになります。

```
# docker build -t ping-image .
```

※命令の末尾に、「カレントディレクトリ」を表わす「.」を忘れないようにしましょう。

実際に実行したのが、**図4-2**です。

```
root@ubuntu:~/DF# docker build -t ping-image .
Sending build context to Docker daemon 2.048 kB
Step 1/2 : FROM ubuntu
 ---> f975c5035748
Step 2/2 : RUN apt-get update && apt-get install -y iputils-ping
 ---> Running in 44da4c5b1417
Get:1 http://archive.ubuntu.com/ubuntu xenial InRelease [247 kB]
Get:2 http://security.ubuntu.com/ubuntu xenial-security InRelease [107 kB]

Processing triggers for libc-bin (2.23-0ubuntu10) ...
 ---> 67d2df883383
Removing intermediate container 44da4c5b1417
Successfully built 67d2df883383
root@ubuntu:~/DF# 
```

図4-2　作ったDockerfileをbuildしてイメージを作る

（長いため処理経過の一部をカットしています）

実行後、「docker images」のコマンドを入力してイメージを一覧表示すると、「ping-image」があることを確認できます（**図4-3**）。

```
root@ubuntu:~/DF# docker images
REPOSITORY              TAG                IMAGE ID
ping-image              latest             67d2df883383
```

図4-3　Dockerfileにより作られたイメージを確認する

[4]コンテナの作成と、中身の確認

次に、作ったイメージからコンテナを作り、「ping」が入っているかを確認してみましょう。

コンテナを作るため、docker runコマンドを実行します。

```
# docker run -it ping-image /bin/bash
```

実行後、コンテナ内に入りましたら、「localhost」にpingを行なって、動作することを確認してみましょう（**図4-4**）。

```
# ping localhost
```

```
root@ubuntu:~/DF# docker run -it ping-image /bin/bash
root@48bcd27eb892:/# ping localhost
PING localhost (127.0.0.1) 56(84) bytes of data.
64 bytes from localhost (127.0.0.1): icmp_seq=1 ttl=64 time=0.024 ms
```

図4-4　pingがインストールされていることを確認する

　そのままにしておくと、どんどん流れてしまうので、pingを終了させましょう。

　[Ctrl]キーを押しながら[C]キーを押すと、終了できます。

Column　コンテナの作成コマンドを間違えたとき

　コンテナ作成後に、確認のため「docker ps」を入力した際、STATUSが「Exited(100)」など、( )内が0以外であったときは、コンテナが異常終了しています。

　本書のここまでの学習でしたら、異常終了するのは入力ミスがほとんどですので、入力の見直しで概ね解消されます。

　しかし、今後コンテナが複雑化すると、原因も複雑になります。

　異常終了した場合、「docker logs コンテナID」で、終了した原因を確認できます。

　特にDockerfileのように多くの命令を組み合わせてイメージを作る場合、一行で完結するコマンドラインに比べて、特定が難しくなるので、docker logsコマンドを組み合わせて原因を解消していきます。

＊

　たとえば、Dockerfileで「iputils-ping」を「iputils-pin」と書いてしまった場合、「Exited(100)」となります（**図4-A**）。

```
root@ubuntu:~/DF# docker ps -a
CONTAINER ID   IMAGE         COMMAND             CREATED        STATUS
bf61731b992c   f975c5035748  "/bin/sh -c 'apt-g..."  2 minutes ago  Exited (100) About a minute ago
```

図4-A　記述ミスによるエラーの例(Exited(100))

　このとき、「docker logs コンテナID」で確認すると、最後に「Unable to locate package iputils-pin」(iputils-pinというパッケージを見つけることができません)というエラーが出力されているのが分かるので、パッケージ名が誤っていると気づきます(**図4-B**)。

(補足：ここでは、説明のため「docker ps」と「docker logs」でエラーを確認しましたが、この例のようなDockerfile上での単純ミスであれば、「docker build」時に検出され、同様のエラーが表示されます)。

```
root@ubuntu:~/DF# docker logs bf61731b992c
Get:1 http://archive.ubuntu.com/ubuntu xenial InRelease [247 kB]

Reading state information...
E: Unable to locate package iputils-pin
root@ubuntu:~/DF#
```

図4-B　build時にもエラー・メッセージが表示されている
（長いため、処理経過の一部をカットしています）

4-2　　Dockerfileの書き方と注意事項

　ここでは、Dockerfileについての注意事項や、よく使われる代表的なコマンドを説明します。

■ Dockerfileの書式

Dockerfileの書式は、以下のとおりです。

【Dockerfileの書式】
```
#コメント
命令 引数
```

　命令は、大文字と小文字は区別しませんが、慣習的に、「**命令を大文字**」「**引数を小文字**」で表わすことが多いです。

　1行が長くなったときには、「エスケープ文字」を使って、次の行につなげることができます。

　デフォルトのエスケープ文字は、「\ (バックスラッシュ)」です。

エスケープ文字は、特に「RUN」など、1行に多数の処理を詰め込むときに活用します。

【使用例】

```
RUN apt-get update && apt-get install -y \
    iputils-ping \
    openssh-server
```

なお、このように多くの項目を書き並べる場合には、同じ項目を誤って二重記載しないように、また、項目を修正する際に探しやすいようにアルファベット順に記載するようにします。

■ Shell形式とExec形式

Dockerfileの命令の書き方には、「**Shell形式**」と「**Exec形式**」という2つの方法があります。

①Shell形式

Shell形式は、「4-1　Dockerfileを作ってみよう」でも使ったもので、「**命令 引数**」という形式をとります。

この書式では、「シェル」(/bin/sh) を通してコマンドが実行されるので、「**$HOME**」などの環境変数が使えます。

【Shell形式】

```
命令 引数
```

②Exec形式

「Exec形式」では、「**命令["実行バイナリ","パラメータ1","パラメータ2"]**」のように記載します。

こちらは、シェルを介さず、実行バイナリファイルを、直接、実行します。

【Exec形式】

```
命令 ["実行バイナリ","パラメータ1","パラメータ2"]
```

*

以下に、「Shell形式」と「Exec形式」の例を書きます。

どちらも、シェルを使ってリポジトリを更新するもので、まったく同じ動作になりますが、Exec形式の場合は「/bin/sh」を実行して、命令を実行している点に注意してください。

【使用例】

①Shell形式
```
RUN apt-get update
```

②Exec形式
```
RUN ["/bin/sh","-c"," apt-get update"]
```

Dockerでは、このどちらの表記もよく出てきますので、両方とも理解しておきましょう。

■ Dockerfileの命令一覧

Dockerfileの命令を、以下に記載します。

●FROM

新しいDockerイメージを作るためのベースとなるイメージを指定します。

Dockerfileでは、「FROM」は**1行目**(コメント行を除く)に書くようにします。

```
FROM イメージ名 [:タグ名]
```

【使用例】

```
#ubuntuイメージの取得
FROM ubuntu:latest
```

●MAINTAINER(非推奨)

「MAINTAINER」は、「作成者情報」を記載する項目です。

しかし、現在はDockerより**非推奨**とするアナウンスがあり、代わりに「LABEL」を使うことが推奨されています。

MAINTAINER 名前

【使用例】

```
# 作成者情報
MAINTAINER sho_asai
```

●RUN

コンテナ上のOSに対して、命令を実行します。

書き方は、すでに説明したように、「Shell形式」と「Exec形式」の2つの形式があります。

RUN 命令

【使用例】

①Shell形式
```
#リポジトリを更新する
RUN apt-get update
```

②Exec形式
```
#リポジトリを更新する
RUN ["/bin/sh","-c"," apt-get update"]
```

●CMD

Dockerfileで作られたコンテナが実行される際に、デフォルトでコンテナが実行する命令を書きます。

CMD 命令

【使用例】

①Shell形式

```
#コンテナ作成後、bashを起動する
CMD /bin/bash
```

②Exec形式

```
#コンテナ作成後、bashを起動する
CMD ["/bin/bash"]
```

もう少し解説すると、たとえば、以下のように書かれたDockerfileでイメージを作ってコンテナを実行すれば、「docker run命令」でイメージ名の後に「/bin/bash」と書かなくても、「/bin/bash」が実行されます。

```
FROM ubuntu
CMD /bin/bash
```

なお、このCMDコマンドは、Dockerfileで1度だけ指定でき、複数回書いた場合には、最後のCMDが有効になります。

また、「docker run命令」でイメージ名の後ろに引数をつけた場合、CMDは「docker run」の引数で上書きされ、「docker run」の引数での命令が、有効になります。

＊

たとえば、以下のようなDockerfileを作ったとします。

```
FROM ubuntu
CMD 命令1
CMD 命令2
```

これをもとにしたイメージを、

```
# docker run イメージ 命令3
```

というように実行した場合、実行されるのは「命令3」のみとなります

なお、CMDは、後述の「ENTRYPOINT」を使うときに、「ENTRYPOINT」の引数として使われることもあります（ENTRYPOINTで説明します）。

●LABEL

　直接イメージの動作には影響しませんが、作成者情報を始め、コンテナに関する情報を付与することができます。

　LABELで指定した情報は、「docker inspect イメージID」で確認できます。

```
LABEL キー 値
```
もしくは
```
LABEL キー＝値［キー＝値］［キー＝値］・・・
```

　この2つは、「キー」と「値」の間が"「半角スペース」か「＝」"かの違いです。

---
①「半角スペース」で区切る場合
　半角スペースの場合は、1組しかセットできませんが、半角スペースを含む値を、そのままセットできます。

②「＝」で区切る場合
　＝の場合、複数のラベルを設定できますが、半角スペース入りの情報をつける場合には、エスケープ文字を使って、半角スペースの前に \ を記述する必要があります。

【使用例】

```
#イメージに作者情報をつける（半角スペース有）
LABEL maintainer sho asai
```

```
#イメージに作者情報とバージョン情報をつける
LABEL imageversion=1.0 maintainer=sho\ asai
```

　なお、LABELをたくさんつける場合には、1命令にまとめつつ、適度に「\」で改行を入れて、見やすくするといいでしょう（「■Dockerfileの書式」(p.127)を参照）。

```
# イメージに作者情報とバージョン情報をつける
LABEL imageversion=1.0 \
maintainer=sho\ asai
```

●EXPOSE

コンテナ稼働時に、コンテナが使う(リッスンしている)ポートをDockerに通知し、ホストOSを経由して外部から接続するときや、同じDocker上の他のコンテナから接続できるようにします。

なお、ホストOSを経由して外部から接続する際には、docker run時に「-p」オプションを、併せて使う必要があります。

```
EXPOSE ポート番号
```

【使用例】

```
# Dockerに80番ポートを公開する
EXPOSE 80
```

●ENV

ENV命令は、環境変数をセットするための命令で、「キー」と「値」をセットで指定します。

環境変数は、主にアプリケーション・コンテナが要求するものをセットします。

こちらもLABELと同じように、「キー」と「値」を「半角スペース」または「=」で区切ります(区切り記号による違いは**LABEL参照**)。

設定した値は、「docker inspect」コマンドで確認できます。

```
ENV キー 値
```

もしくは

```
ENV キー=値 [キー=値] [キー=値]・・・
```

【使用例】

```
# WordPressコンテナの環境変数にMySQL情報を渡す
ENV WORDPRESS_DB_HOST=mysql-container \
    WORDPRESS_DB_USER=root \
    WORDPRESS_DB_PASSWORD=dbpass01
```

> ※WordPressについては、**第5章**で学習します。
> 　ここでは、記述例のみ理解してください

●COPYとADD

　「COPY」と「ADD」は、イメージのbuild時にホストOS上のディレクトリにあるファイルを、コンテナ内のディレクトリにコピーします。

　「COPY」と「ADD」の違いは、"コピーするか、展開するか"です。

---

①**COPY**

　ファイルをそのままコンテナにコピーします。

②**ADD**

　ホストOS上のtarやzipなどの圧縮ファイルを展開しながら、コンテナにコピーします。

　コピー先は、「**絶対パス**」または「**相対パス**」で指定します。

　相対パスで指定する場合、「WORKDIR」(後述)で設定したディレクトリからの相対パスになります。

　コピー先がディレクトリである場合、その下にコピー元のファイルが置かれます。

　コピー元がディレクトリの場合は、コピー元のディレクトリ内の全ファイルがコピー先に置かれます。

　コピー元のホストOS側ディレクトリについては、build時に指定したディレクトリが、ルート位置として扱われるため、build指定ディレクトリよりも、上の階層を参照することはできません。

　コピー元としては、複数のファイル指定ができます。

また「*」のようなワイルドカードも使えます。

複数指定した場合は、コピー先の指定をディレクトリ（末尾を/とする）にする必要があります。

コピー先の末尾が「/」となっていないものは、ファイルであると判定され、コピー元の内容がコピー先ファイル内に書き込まれます。

```
COPY コピー元 コピー先
ADD  コピー元 コピー先
```

【使用例】

①Shell形式

```
#apacheのhttpd.confをコンテナにコピーする
COPY "httpd.conf /usr/local/apache2/conf/httpd.conf
```

```
# DocumentRootに圧縮コンテンツを展開してセットする
ADD Contents.tar /usr/local/apache2/htdoc/
```

②Exec形式

```
#apacheのhttpd.confをコンテナにコピーする
COPY ["httpd.conf","/usr/local/apache2/conf/httpd.conf"]
```

```
# DocumentRootに圧縮コンテンツを展開してセットする
ADD ["Contents.tar" , /usr/local/apache2/htdoc/"]
```

> ※どちらの例も、「Contents.tar」は、事前にバックアップしたWebコンテンツデータとします。

●ENTRYPOINT

ENTRYPOINTは、CMDと同じく、コンテナ生成後に実行する命令です。

CMDとの違いは、CMDが「docker run」時の引数によって上書きされてしまうのに対し、ENTRYPOINTは上書きされることなく、確実に実行する点です。

ENTRYPOINTもまた、「Shell形式」と「Exec形式」の使用が可能です。

なお、複数回使った場合は、最後のENTRYPOINTが採用されます。

```
ENTRYPOINT 命令
```

CliClippy

【使用例】

①Shell形式
```
#コンテナ作成後、bashを起動する
ENTRYPOINT /bin/bash
```

②Exec形式
```
#コンテナ作成後、bashを起動する
ENTRYPOINT ["/bin/bash"]
```

ENTRYPOINTでは、「Exec形式」に限りますが、CMDと組み合わせて使用するパターンもあります。

たとえば、
```
ENTRYPOINT ["/bin/bash","-c"]
```
というENTRYPOINTを指定すると、bashに対する引数を設定せずに、コンテナの作成(docker run)時に不足する引数を指定して、一つの命令とすることができます。

＊

たとえば、上記のENTRYPOINTが含まれたDockerfileでイメージを作り、以下の形で「docker run」コマンドを実行するとします。
```
# docker run -it イメージ pwd
```

すると、最終的なコンテナ生成時のコマンドとしては、ENTRYPOINTの/bin/bash –c、docker run時のpwdが組み合わさって、「docker run -it イメージ /bin/bash -c pwd」という命令となり、それが実行されます。

そのため、コンテナ生成時に、現在のカレントディレクトリが返ってきます。

もちろん、この場合、docker runコマンドを実行するときに、引数を指定しないと「/bin/bash -c」のままとなり、不完全な命令となります。

このような、引数が必須のENTRYPOINTで引数が入っていないときに、自動で引数を定義する役割として、CMDを使います。

【CMDを併用する使用方法】

```
ENTRYPOINT ["実行バイナリ","パラメータ1"]・・・
CMD ["パラメータ2"]・・・
```

【CMDを併用する使用例】

```
#コンテナ作成後、bashを起動してrun引数を実行する
ENTRYPOINT ["/bin/bash","-c"]
#runに引数がなかったときに代わりにセットされる命令
CMD ["echo no-value"]
```

このように使うと、「docker run -it イメージ pwd」とした場合はカレント
ディレクトリ(pwd)が返り、「docker run -it イメージ」とした場合は、CMD
のパラメータがセットされ、「docker run -it イメージ /bin/bash -c echo no-
value」として処理され、「no-value」が返ってきます。

●VOLUME

VOLUMEは、指定したディレクトリを「マウントポイント」にして、ホス
トOSや他のコンテナからマウントできるようにします。

```
VOLUME ディレクトリ
```

【使用例】

```
①Shell形式
# コンテナの/tmpをマウントポイントにしたボリューム
VOLUME /tmp

②Exec形式
# コンテナの/tmpをマウントポイントにしたボリューム
VOLUME ["/tmp"]
```

●WORKDIR

「WORKDIR」は、Dockerfileで「RUN」「CMD」「ENTRYPOINT」「COPY」
「ADD」での命令を実行する際の作業ディレクトリを指定するものです。

何度でも使用可能で、ディレクトリパスに相対パスを書いた際には、その
時点でのWORKDIRからの相対パスになります。

```
WORKDIR ディレクトリ
```

```
#絶対パスでWORKDIRを指定
WORKDIR /tmp1
#相対パスでWORKDIRを指定
WORKDIR tmp2
```

上記のようにした場合、最終的なWORKDIRは「/tmp1/tmp2」になります。

●ONBUILD

ONBUILDコマンドは、build時に実行するコマンドを指定します。

2つのDockerfileを用いて、2段階でイメージを生成する際に使います。

```
ONBUILD 命令
```

【使用例】

①1つ目のDockerfile

（このDockerfileでhttpd-imageというイメージを作る）

```
#Docker Hubからイメージ取得
FROM httpd
```

```
#httpd-imageからさらに次のイメージ作成時に実行される処理
ONBUILD COPY httpd.conf /usr/local/apache2/conf/httpd.conf
```

②2つ目のDockerfile

（①のhttpd-imageを使ってさらに別のイメージを作る）

```
# 1つ目のDockerfileで作ったイメージを取得
FROM httpd-image
```

```
# Documentrootにコンテンツデータを展開してコピーする
ADD Contents.tar /usr/local/apache2/htdoc/
```

上記のような、2つのDockerfileを作ったとします。

1つ目のDockerfileをbuildして「イメージhttpd-image」を作った場合、このファイルで行なわれるのは「httpd」をベースとしたイメージの作成のみで、「httpd.conf」のコピーは、この時点では行なわれません。

そして、このイメージをベースとしたDockerfileをbuildしてイメージを作るときに、ONBUILDコマンドが最初に実行されます。

つまり、2つ目のDockerfileでイメージが作られるときは、最初に、

```
COPY httpd.conf /usr/local/apache2/conf/httpd.conf
```
が実行され、次に、
```
ADD Contents.tar /usr/local/apache2/htdoc/
```
が実行されることになります。

2段階に分けてイメージを作るのは、アプリケーションサーバを構築する際に、よく使われます。

1つ目のDockerfileでは、サーバ周りのインフラ構築を中心に行ない、2つ目のDockerfileでは、アプリケーションを中心とした開発部分を行なう、というように分けます。

基本的に、1段目のインフラ周りのイメージは、一度作れば"更新頻度が低い"ですが、2段目のアプリケーションのイメージは"更新頻度が多い"、といったパターンが多く見られます。

そのため、Webサーバのようなものを構築する際に、1段目で「conf」ファイルやコンテンツデータを組み込む設定をすると、少し更新するごとに、全体のbuildが必要になり、イメージ全体が別のものになり、大きなリソースが消費されてしまいます。

その解決策として、「ONBUILD」を用いて変更が多いファイルを、2段階目にもっていく方法があります。
これによって、あまり変化のないインフラ部分は、従来と同じイメージを使いつつ、変化の大きいファイルを組み込んだ部分だけを再びbuildすることで、差分イメージのみの生成で済ませることができるます。

そのため、再構築に要するリソースも少なくできる、というメリットがあります。

4-3　Dockerfileの落とし穴 キャッシュ

Dockerfileを使うときには、キャッシュに注意しなければなりません。

■ 複数のDockerfileのbuild時、共通部分はキャッシュを使う

Dockerfileを使ったイメージでは、リソースをできるだけ効率よく活用するように、"今までに作られたことのあるイメージであれば、イメージを作らずに、過去のイメージをキャッシュとして、再利用"します。

Dockerfileを使った構築も同じで、Dockerfileでは、命令ごとに中間イメージが作られますが、Dockerfileを先頭から読み込み、以前と同じ部分までは、同じ中間イメージが使われます。

*

たとえば、次のような2つのDockerfileがあったとします。

---

①bashのDockerfile

```
FROM ubuntu
RUN apt-get update && apt-get install -y iputils-ping
CMD /bin/bash
```

②pingのDockerfile

```
FROM ubuntu
RUN apt-get update && apt-get install -y iputils-ping
CMD ping localhost
```

最初に、①のbashのDockerfileからイメージを作る場合、ubuntuを「pull」します（中間イメージA）。

そして、リポジトリを更新してpingをインストールした中間イメージを作り（中間イメージB）、bash命令を追加したイメージが作られます（完成イメージC）（図4-5）。

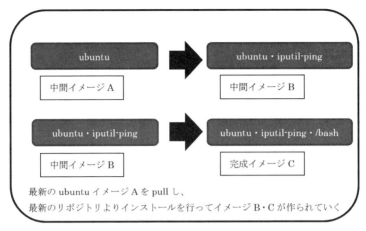

図4-5 最初にping入り/bashコンテナを作るときのイメージのでき方
（ubuntuのイメージから一つずつ積み上げられて作られる）

*

その後に、②のpingのDockerfileでイメージを作ります。

すると、Dockerfileの最初の2行（FROM行とRUN行）が同一であることから、新規にイメージを作らず、①で作った中間イメージの共通部分である中間イメージBを使って、ping命令を追加したイメージを作ります（完成イメージD）（図4-6）。

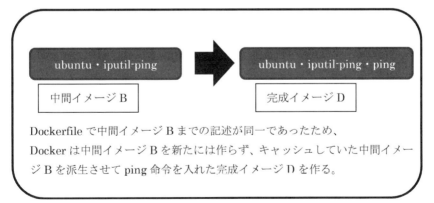

図4-6 図4-5のイメージ作成後にpingコンテナを作るときのイメージのでき方
（ubuntuからではなく、過去に作ったキャッシュから枝分かれして作られる）

■キャッシュによるbuildの弊害と回避策

　このようにしてDockerは、build時において、キャッシュを使うことで、処理の高速化およびリソース消費の抑制を行なっていますが、これがマイナスに働くことがあります。

　それは、"リポジトリやインストールするアプリケーションが更新された場合"です。

　本来、インターネット上のリポジトリやアプリケーションが更新された場合には、その更新を反映してイメージを最新化する必要があります。
　しかし、Dockerfileでは、先頭から同じ部分は、同じキャッシュを使うことから更新が行なわれず、"古い"キャッシュを使い続けることになります。

　ですから、これを避ける措置を行なう必要があります。
＊
　回避策は、主に2つあります。

回避策① キャッシュを使わない

　まず一つ目の回避策は、キャッシュを使わない方法です。

```
# docker build -tイメージ名 . --no-cache=true
```
というように、ディレクトリ指定後の後ろに「--no-cache=true」を付けるとキャッシュを使いません。

　ただし、すべてを1から作るので、buildの時間やリソース消費は大きくなります。

回避策② Dockerfileの記述を変更する

　もう一つの回避策は、Dockerfileの記述を変更する方法です。

　Dockerfileでは、先頭から読み込んで、同じ箇所まで同じイメージを使います。
　そこで、次のようにLABELなどを記述し、"buildごとに更新する"、という方法がとれます。

```
FROM ubuntu
LABEL lastupdate=2018-06-01
RUN apt-get update && apt-get install -y iputils-ping
CMD /bin/bash
```

　これで、buildのたびにLABELを書き換えていけば、書き換えた以降は、すべて新たにイメージが再作成されます。

　そのため、更新が少なく、かつダウンロードや処理に時間のかかるものは、なるべく先頭側に記述し、更新が必要となる部分をLABELより後ろに記述します。
　そして、更新が必要なタイミングでLABELを書き換えることで、LABEL以降は、キャッシュを使わないように制御するテクニックが必要となります。

■ キャッシュが使われない命令

　キャッシュについては、もう一点、注意点があります。

　それは、"キャッシュが使われない命令"です。

　「COPY/ADD」の命令は、それまでのDockerfileの内容が、完全に一致していたとしても、「COPY/ADD」の命令以降はキャッシュを使わずに、新規にイメージが再作成されます。

　そのため、キャッシュを有効活用するDockerfileを考える際には、更新頻度の少ない、かつ時間がかかるためキャッシュを働かせたい部分があったとしても、それより前に「COPY/ADD」の命令を記述すると、キャッシュが効かなくなってしまうので、注意してください。

＊

　4章では、Dockerfileについて、一通り説明しました。

　次章では、本格的にアプリケーション・コンテナを作っていきますが、これまで学んできたことをフルに使いますので、分からないときには、これまでの章を振り返りつつ、学習してください。

第<big>5</big>章

Dockerでいろいろなコンテナを作ってみよう

> 5章では、いよいよ本格的なアプリケーション・コンテナを作っていきます。
>
> 今までの学習内容も多く含んでいるので、つまづいたときは、振り返りながら学習してください。

5-1　apacheをDockerfileでビルドしてみる

この節では、apacheをDockerfileで作ります。

Webサーバの構築は第3章に続いて2度目、Dockerfileの使い方も第4章に続いて2度目なので、今回はどちらも、もう少し複雑な構築を行ないます。

■ コンテナ作成の流れ

まずは、全体の流れを説明します。

作るものは、第3章でも行なったapache公式の「httpd（Apache）イメージ」を使ったWebサーバです。

第3章では、コマンドラインでコンテンツデータを1ファイル送るところまでしかやりませんでした。

しかし、ここでは、Dockerfileを使って、第3章と同じく、ファイルをコンテナに入れつつ、アクセスログを「永続コンテナ」に出力するように構築します。

そのため、構築には"ログ出力用"の永続コンテナ、つまり、「データボリューム・コンテナ」を作る必要があります。

以下、このデータボリューム・コンテナを「ログ・コンテナ」と呼びます。

*

データボリューム・コンテナの必要性については、第3章でも記載しまし

たが、軽くおさらいをしましょう。

　Dockerでは、コンテナの破棄と生成を、頻繁に行ないながら運用していくスタイルをとります。

　その際に、ログのような残すべきデータを(Webサーバ・コンテナ等の)アプリケーション・コンテナ内に残していては、コンテナごと消失してしまいます。
　そのため、**データボリューム・コンテナ**という、**アプリケーション・コンテナの外側にある**、"消去されないデータ領域"に保存する必要があります。

＊

ログ・コンテナにログを保存するにあたっては、ログを出力させる必要があります。

　apacheでは、ログを出力させるために「httpd.conf」を書き換える必要があります。

　一般的なサーバ上のapacheならば、インストール後にviエディタで編集すればいいのですが、コンテナの場合は、コンテナ生成後の編集は容易ではありません。
　コンテナ生成時点で、「httpd.conf」の内容が反映された状態にしなければなりません。

　そこで本書では、一度、コンテナから「httpd.conf」をホストOS(Linuxサーバ)にコピーし、そこで編集した「httpd.conf」を、コンテナ内に送り込んで、生成する方法をとります。

●手順の流れ

これらを順序良く行なうには、以下のように操作します。

---

[1]「httpd.conf」の取り出し

「httpd.conf」を取得するために、一度、httpdイメージを使った仮のhttpdコンテナを生成する。

仮のhttpdコンテナは、ホストOS上にマウントしたディレクトリをもたせておき、コンテナ内のデフォルト「httpd.conf」をホストOS上に取り出す。

[2]httpd.confのログ出力設定を変更する

取り出した「httpd.conf」を編集し、アクセスログが、コンテナ内の特定のディレクトリ(このディレクトリは、ログ・コンテナのマウント先を指すディレクトリです)に出力されるように変更。

[3]Dockerfileを作る

目的とするWebコンテナを作るため、httpdコンテナを作るためのDockerfileを作る。

Dockerfileには、(1)「index.htmlをコンテナにコピーする命令」、および、(2)「手順[2]で編集した『httpd.conf』をWebコンテナの『httpd.conf』へ上書きコピーする命令」を追加。

> ※なお、ここでは、イメージの作成のみ行なう。

[4]データボリューム・コンテナを作る

次に、データボリューム・コンテナを作り、ログ・コンテナとする。

[5]httpdコンテナを作る

データボリューム・コンテナが出来たら、それをマウントしたhttpdコンテナを作る。

[6]動作確認する

コンテナ作成後、動作しているかを確認。

●**ディレクトリ構造**

　今回のディレクトリ構成は、最終的に、次のようにします。

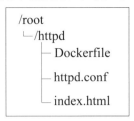

```
/root
 └/httpd
       ─ Dockerfile
       ─ httpd.conf
       └ index.html
```

●**作成するイメージコンテナその他のオブジェクト**

　Dockerでの最終的なイメージとコンテナの名称は、以下の通りとします。

ベースイメージ	buildした新イメージ	コンテナ名
httpd	apache-image	apache-container
busybox	-	apachelog-container

　その他、生成するオブジェクトは、以下の通りです。

カテゴリ	オブジェクト名称	概　要
volume	apachelog-volume	データボリューム

■ **httpd.confを取得するためのコンテナを作成し、ファイルを取り出す**

　それでは、はじめていきましょう。

　まずは、公式のapacheであるhttpdイメージをコンテナ化し、confファイルを、ホストOS側(Linuxサーバ)に取り出します。

●**操作の流れ**

　ファイルを取り出すには、ホストOS側のディレクトリをコンテナのディレクトリにマウントし、そこにファイルをコピーします。

> ※ディレクトリのマウントについては、「3-4　コンテナからホストOSのファイルにアクセスする」
> で学習したとおりです。

今回は、ホストOSのホーム・ディレクトリ(/root)の下に、httpdディレクトリを作り、httpdディレクトリをコンテナ上の/tmpにマウントします。

ホストOS上のマウントディレクトリのフルパス (httpdは作る)	/root/httpd
コンテナ上のマウントポイント	/tmp

また、今回はファイル操作を伴いますので、「/bin/bash」でコンテナを動かします。

なお、この仮のコンテナは、「httpd.conf」を取り出してしまえば、用済みです。

今回、初登場となりますが、「--rm」というオプションをつけて、コンテナ終了とともに、自動消去するようにします。

●仮のhttpdコンテナを起動する

では、上記に沿ってコンテナを作ります。

＊

コマンドは、次の通りです(図5-1)。

```
# docker run --rm -v /root/httpd/:/tmp/ -it httpd /bin/bash
```

```
root@ubuntu:~# docker run --rm -v /root/httpd/:/tmp/ -it httpd /bin/bash
root@b9e29e3b3bee:/usr/local/apache2#
```

図5-1　httpdコンテナから、confファイルを取り出すためのコンテナ

起動すると、httpdのコンテナの中にいる状態となるので、これから「httpd.conf」を取り出してみます。

デフォルトの「httpd.conf」は、「/usr/local/apache2/conf」ディレクトリにあります。

今回は、このデフォルトの「httpd.conf」ファイルを、ホストOS側のディレクトリにコピーします。

(しばらくは「/root/httpd」ディレクトリ内の操作が続くので、「cd /root/httpd」と入力し、カレントディレクトリを「/root/httpd」に移しておくといいでしょう。)

Docker Hubもチェックしてみよう

Docker Hubでは、各種、公式のイメージを配布するとともに、そのイメージの使い方や、使うための設定の仕方も掲載されていることが多いです。

この Apache コンテナに設定をする方法も、Docker Hub 上にある Apache公式のページ（https://hub.docker.com/_/httpd/）に掲載があります（**図5-A**）。

Configuration

To customize the configuration of the httpd server, just `COPY` your custom configuration in as `/usr/loca`
`/apache2/conf/httpd.conf` .

```
FROM httpd:2.4
COPY ./my-httpd.conf /usr/local/apache2/conf/httpd.conf
```

図5-A　Docker Hubにある Apache の設定変更方法の説明

●httpd.confを取り出す

仮のhttpdコンテナが起動したら、「httpd.conf」ファイルを取り出すために、以下のコマンドをコンテナ内で実行します（**図5-2**）。

```
# cp /usr/local/apache2/conf/httpd.conf  /tmp/
```

```
root@b9e29e3b3bee:/usr/local/apache2# cp /usr/local/apache2/conf/httpd.conf  /tmp/
root@b9e29e3b3bee:/usr/local/apache2# █
```

図5-2　マウントポイントを通してconfファイルを取り出す

これで「/tmp」を通してマウントしたディレクトリ (/root/httpd) の中に、「httpd.conf」がコピーされました。

＊

以上の操作が終われば、この"仮"コンテナは不要です。

「exit」と入力して、終了してください。

ここでは「--rm」オプションを指定しているので、終了と同時に、この"仮"コンテナは消去されます。

ホストOSに戻ったら、ホストOS上の「httpd」ディレクトリ上に「httpd.conf」があることを確認してください（図5-3）。

```
root@b9e29e3b3bee:/usr/local/apache2# exit
exit
root@ubuntu:~# cd httpd/
root@ubuntu:~/httpd# ls -l
合計 24
-rw-r--r-- 1 root root 20615  6月  2 15:03 httpd.conf
root@ubuntu:~/httpd#
```

図5-3　ホストOS上に取り出したconfファイルを確認する

Column　docker cpを使用してファイルを取り出す

　httpd.confを取り出すには、いろいろな方法があります。

> ※本文中では、今まで学んだことを応用して取り出していますが、docker cpコマンドを使っても、簡単に取り出せます。

　「docker cp」コマンドは、"ホスト上のファイルと、コンテナ上のファイルを相互にコピーする"コマンドです。
　先ほどのcpコマンドはコンテナ側での操作ですが、docker cpはホストOS側で操作します。そのためコンテナが停止状態でも、コンテナが存在していればコピーできます。

*

　書式は、

```
docker cp コピー元ファイル（ディレクトリ）コピー先ファイル（ディレクトリ）
```

です。

　コンテナ内のディレクトリを指定するときは、「コンテナID:ディレクトリパス」という表記で記述します。

　本文中で行なっている「httpd.conf」の取り出し操作を、「docker cp」で行なうと、

```
# docker run httpd・・・コンテナ生成
# docker ps -a・・・コンテナのIDを確認
# docker cp XXXX: /usr/local/apache2/conf/httpd.conf
  /root/httpd/
```

という、一連のコマンドで置き換えることができます(XXXXは「コンテナID」)。

　もちろん、この操作の場合も、本文中で行なっている操作と同様に、ファイルを取り出した後は、コンテナを削除してかまいません。

■ httpd.conf(Apacheの設定ファイル)を編集する

　次に、取り出した「httpd.conf」を編集します。

　「httpd.conf」には、非常に多くの設定項目がありますが、今回はアクセスログを出力させる項目のみ編集します。

　アクセスログを出力するための設定は、「**CustomLog**」です。

　まず、viエディタで「httpd.conf」を開き、

```
#CustomLog "logs/access_log" combined
```

という行を探します。

　この行の、先頭のコメント記号である「#」を削除して、保存します(図5-4)。

【httpd.confファイル】

```
#CustomLog "logs/access_log" combined
↑先頭の#を削除する
```

```
# If you prefer a logfile with access, agent, and referer information
# (Combined Logfile Format) you can use the following directive.
#
CustomLog "logs/access_log" combined   ←#を取って保存
                                                              348,1
```

図5-4　viエディタでconfファイルを修正する

> viエディタで特定の文字列を検索するときは、「コマンド・モード」（文章を編集してい
> ないモード）で「/」と入力します。
> この例では、コマンド・モードで「/CustomLog」と入力して検索するといいでしょう。
>
> ヒットした後、次を検索する場合は、「n」キーを押します。
> なお、「N」とすると逆方向に検索できます。

　実際に、Webサーバを構築する場合は、「CustomLog」以外にも、「httpd. conf」の多くの項目を編集します。

　ただ、それらについてはapacheの専門の領域になるので、本書では割愛します。

■ httpdコンテナを作るためのDockerfileを作る

　次に、Webコンテナを作るために必要なDockerfileを作っていきます。

●操作の流れ

　Dockerfileでは、イメージの取得を行ない、

[1]「index.html」を「DocumentRoot」ディレクトリにコピーする

[2] 先ほど編集した「httpd.conf」を、デフォルトの「httpd.conf」があるディレクトリ（/usr/local/apache2/conf/）にコピーする

という設定をします。

　また、httpdコンテナは80番ポートを使うので、80番ポートの使用をDockerに通知します。

【Dockerfileで行なうこと】

[1] イメージの取得

　FROM命令を使って、ベース・イメージとしてhttpdを指定。

[2]「index.html」を「DocumentRoot」ディレクトリにコピー

　第3章で行なったのと同じく、「Hello World!」と書かれた「index.html」を「/usr/local/apache2/htdocs/」の中にコピー。

> ※コピーには、COPY命令を使う。

> ここでは、**第3章**と同じ手順でindex.htmlを作っていることを前提とします。
> もし、index.htmlを作っていない場合は、# echo "Hello World!" > /root/httpd/index.htmlを実行して、作っておいてください。

[3]「httpd.conf」をデフォルトの「httpd.conf」があるディレクトリ（/usr/local/apache2/conf/）にコピー

「COPY命令」を使って、いま編集した「httpd.conf」ファイルを /usr/local/apache2/conf/httpd.confにコピーするように構成。

[4]80番ポートをEXPOSEする

「EXPOSE命令」で、80番ポートを指定。

● **Dockerfileを書く**

では、Dockerfileを書いていきます。

＊

今回は、「COPY命令」と「EXPOSE命令」が、新たに出てきます。

詳細は「4-2　Dockerfileの書き方と注意事項」に記載しているので、こちらと併せて使い方を身につけていきましょう。

＊

Dockerfileのファイル作成位置は、「/root/httpd/Dockerfile」とします。

Dockerfileに書く内容は、次の通りです。

```
#イメージを取得
FROM httpd

#ホストOSにあるindex.htmlを、ApacheのDocumentRootにセット
COPY ./index.html /usr/local/apache2/htdocs/

#編集したhttpd.confをApacheのデフォルトhttpd.confに上書き
COPY ./httpd.conf /usr/local/apache2/conf/httpd.conf

#Dockerに対して80番ポートを使用する通知
EXPOSE 80
```

Dockerfileを作れたでしょうか。

＊

では、イメージを作ります。

ここでは、「apache-image」という名前で作ります。

次のコマンドを入力しますが、このとき、

(1) /root/httpd ディレクトリには Dockerfile と「httpd.conf」「index.html」あること

(2) 「カレントディレクトリ」が「/root/httpd」になっていること

を確認してから、実行してください (図5-5)。

```
# docker build -t apache-image .
```

※apache-imageの後ろは半角スペースに続いてディレクトリを示す「.」があるので、入力漏れに注意してください。

```
root@ubuntu:~/httpd# docker build -t apache-image .
Sending build context to Docker daemon 24.58 kB
Step 1/4 : FROM httpd
 ---> fb2f3851a971
Step 2/4 : COPY ./index.html /usr/local/apache2/htdocs/
 ---> 542f917087ad
Removing intermediate container e58d62202cec
Step 3/4 : COPY ./httpd.conf /usr/local/apache2/conf/httpd.conf
 ---> 2d2ef7451f52
Removing intermediate container a90c81bdda20
Step 4/4 : EXPOSE 80
 ---> Running in bdda5fa38004
 ---> f40ea3c909da
Removing intermediate container bdda5fa38004
Successfully built f40ea3c909da
root@ubuntu:~/httpd# 
```

図5-5　設定変更を反映したhttpdイメージを作成

(上記の画面においては、公式イメージの更新や各個人の環境により、

表示される内容が変わることがあります)

イメージ「apache-image」ができたでしょうか。

「docker images」コマンドで確認しておきましょう (図5-6)。

```
root@ubuntu:~/httpd# docker images apache-image
REPOSITORY          TAG                 IMAGE ID            CREATED             SIZE
apache-image        latest              f40ea3c909da        13 minutes ago      178 MB
root@ubuntu:~/httpd# 
```

図5-6　できたイメージの確認

なお、この時点では、イメージの確認のみとし、まだコンテナを作らないでください。

コンテナの作成は、次のデータボリューム・コンテナを作ってから行ないます。

■ ログ用のデータボリューム・コンテナを作成する

httpdコンテナ用のDockerfileを作ったら、次はログ用にデータボリューム・コンテナを作ります。
データボリューム・コンテナについては、**第3章**で学びましたね。

ここでは、簡単な解説をしながら書いていきます。
もし、分からない部分が出てきたら、**3章**を振り返ってください。

●操作の流れ

データボリューム・コンテナは、まずデータボリュームを作ります。
そしてデータボリューム・コンテナ作成時に利用するアプリケーションのマウントポイントと、出力先のデータボリュームを指定する、という流れでした。

今回のデータボリューム・コンテナの作成では、Dockerfileではなく、通常のコマンド方式で作っていきます。

> Column **Dockerfileでは、任意のボリューム名は付けられない**
>
> Dockerfileでは、データボリュームの作成に関して、現時点では"任意のボリューム名をつけることができず、乱数でのボリューム名"になってしまいます。
>
> データボリューム・コンテナは、アプリケーション・コンテナのように頻繁に更新するものではないこともあり、Dockerfileを使ってbuildされる機会も少ないです。
>
> つまり、"乱数のボリューム名しか使えない"というデメリットのほうが上回るので、本書では、データボリュームの作成にはDockerfileを使わず、コマンドを使った作成方法をとっています。

今回は、Apacheのログ出力にあたり、アプリケーション・コンテナである Apacheのログ出力ディレクトリをデータボリューム・コンテナにマウントさせます。

そのためには、Apacheのログ出力ディレクトリと、同じディレクトリパスをボリューム・コンテナに作り、マウントする必要があります。

Apacheのログは、「httpd.conf」ファイルのCustomLogの設定項目に書かれている通り、「/usr/local/apache2/logs」に出力されるので、データボリュームの作成時には、これに合わせて「/usr/local/apache2/logs」を指定します。

●データボリュームとデータボリューム・コンテナを作る

では、作っていきましょう。

*

今回は、データボリュームの名前を「apachelog-volume」、データボリューム・コンテナを「apachelog-container」とします。

データボリューム・コンテナのベース・イメージは、**第3章**でも出てきました、「busybox」を使います。

また、前回はデータボリュームをcreateコマンドで生成してからマウントしましたが、今回は生成とマウントを同時に、一行のコマンドで行ないます。

データボリューム名	apachelog-volume
データボリューム・コンテナ名	apachelog-container
使用するベース・イメージ	busybox

次のコマンドを入力すると、データボリューム・コンテナとデータボリュームを作れます(図5-7)。

```
# docker run -v apachelog-volume:/usr/local/apache2/logs
  --name=apachelog-container busybox
```
※上記コマンドは、"一行"で入力します

```
root@ubuntu:~# docker run -v apachelog-volume:/usr/local/apache2/logs --nam
e=apachelog-container busybox
root@ubuntu:~# 
```

図5-7　Apacheログを格納するデータボリューム・コンテナの作成

　上記コマンドを実行したら、(a)「docker volume ls」で「apachelog-volume」が出来ていること、そして(b)「docker ps -a」で「apachelog-container」という名前のコンテナが出来ていること——を確認しておきましょう（図5-8、図5-9）。
（データボリューム・コンテナは停止状態でも使用可能なので、「STATUS」が「Exited」なのは正常です）。

```
root@ubuntu:~# docker volume ls
DRIVER              VOLUME NAME
local               apachelog-volume
```

図5-8　データボリュームの確認

```
root@ubuntu:~# docker ps -a
CONTAINER ID        IMAGE         STATUS                 PORTS        NAMES
978f27ba7481        busybox       Exited (0) 6 seconds ago            apachelog-container
root@ubuntu:~# 
```

図5-9　コンテナの確認

■ Apacheのアプリケーション・コンテナを生成する

　では続いて、httpdのコンテナを作っていきます。

●操作の流れ
　今回は、ログ出力をデータボリューム・コンテナに対して行なうので、「--volumes-from」オプションで、データボリューム・コンテナを指定します。

　また、Webサーバですので、ホストOSの80番ポートと、コンテナに設定した80番ポートを「-p」オプションでつなげるとともに、バックグラウンド動作の「-d」を指定します。

　また、コンテナに名前をつけたいと思います。
「--name」で「apache-container」と名付けることにしましょう。

イメージは、もちろん、これまでDockerfileで作ってきた「apache-image」です。

●httpdコンテナを起動する

httpdコンテナを起動する具体的なコマンドは、次の通りです。

入力して、実行してください(図5-10)。

```
# docker run --volumes-from apachelog-container -p 80:80 -d
--name=apache-container apache-image
```

> ※上記コマンドは、"一行"で入力します

```
root@ubuntu:~/httpd# docker run --volumes-from apachelog-container -p 80:80 -d --n
ame=apache-container apache-image
2c9fee2e61bc6e70b171b3bd65c3b21037124173c934861d4c40ce1afa469370
root@ubuntu:~/httpd# ▉
```

図5-10　データボリューム・コンテナにつなげたApacheコンテナを作る

■ 動作確認をする

起動できたら、動作確認をします。

●ブラウザで確認する

まずはブラウザで確認してみます。

第3章でやったのと同じように、ブラウザでアクセスしてみてください(図5-11)。

図5-11　ブラウザで動作確認

「index.html」に書かれている「Hello World!」が見えたでしょうか。

無事見えていれば、第一段階はクリアです。

そして、この確認によって、アクセスログが生成されているはずなので、ログが出来ているか、これから確認していきます。

●**ログを確認する**

ログの確認についてですが、データボリューム・コンテナは、"複数のコンテナから参照できる"という性質があります。

そこで、この性質を使って、確認用に適当なコンテナを作って、参照してみることにしましょう（図5-12）。

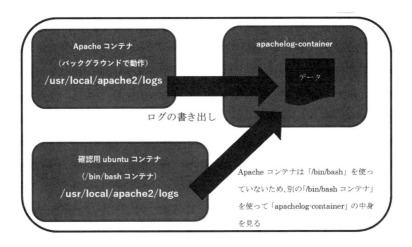

図5-12　データボリューム上のログを確認する方法

次のように入力して、新しいubuntuコンテナを起動しましょう。

```
# docker run --rm --volumes-from apachelog-container -it
 ubuntu /bin/bash
```

このコマンドを入力すると、データボリューム・コンテナ側のマウント・ディレクトリ（/usr/local/apache2/logs）にマウントされた新しいubuntuコンテナが出来るので、その内容を確認できます。

上記のコマンドを入力することで、今、bashが起動したubuntuコンテナ内にいる状態のはずです。

このubuntu内には、マウントポイントの「/usr/local/apache2/logs」が、自動的に出来ているはずです。

　このディレクトリの内容を確認して、access_logがあれば、Apacheのデータボリューム・コンテナへのログ出力は問題ありません。

　また、「access_log」の中身を確認し、先ほどのアクセス記録が出力されていることを確認し、「httpd.conf」が反映されていることを確認してください（図5-13）。

```
root@ubuntu:~/httpd# docker run  --rm --volumes-from apachelog-container -it ubuntu /bin/bash
root@d43be87d3dfe:/# cd /usr/local/apache2/logs
root@d43be87d3dfe:/usr/local/apache2/logs# more access_log
192.168.56.1 - - [02/Jun/2018:08:10:17 +0000] "GET / HTTP/1.1" 200 13 "-" "Mozilla/5.0 (Windows l
192.168.56.1 - - [02/Jun/2018:08:10:17 +0000] "GET /favicon.ico HTTP/1.1" 404 209 "-" "Mozilla/5
root@d43be87d3dfe:/usr/local/apache2/logs# █
```

図5-13　新たに作った確認用コンテナからApacheログを確認する

ログを確認できたでしょうか。

　Apacheのコンテナ作成は、以上です。
　少し手順が多いですが、ある程度、数をこなせば、自然と慣れていくと思います。
　そのためには、1つ1つの操作の意味を、しっかりと理解していきましょう。

Column Dockerコンテナの削除にご用心

　今回の「apache-container」や「apachelog-container」をはじめ、これまでに、数多くのコンテナを作ってきたと思います。

　こまめに削除している人は問題ありませんが、後からまとめて削除しようと考えていると、非常に膨大な"コンテナの残骸"が残っています。

*

　そうした場合に便利なのが、「docker container prune」コマンドを使った、一括削除命令です。

　これは、"稼働中のコンテナを除き、一気に削除する"というものです。

　ただし、**第2章**でも少し触れましたが、このコマンドには、一つ注意事項があります。

　常時 停止中である性質のデータボリューム・コンテナも、"稼働中ではない"と判断されて、削除されてしまう、という点です。

　もし、データボリューム・コンテナを削除してしまったとしても、データボリューム・コンテナがマウントしていたデータボリューム自身は残ります。

　また、アプリケーション・コンテナの稼働中にデータボリューム・コンテナが消去された場合でも、アプリケーション・コンテナの稼働中は、そのまま継続してデータボリュームへの出力はされるようです。

　今回の例で言えば、apache-container が稼働中であれば「apachelog-container」は削除されるものの、「apachelog-volume」は残り、ログの出力は問題なく「apachelog-volume」に出力されます。

　ただし、稼働中のapache-containerをメンテナンスなどで停止し、再度、コンテナを同じコマンドで作ろうとすると、データボリューム・コンテナが消失しているため、「--volumes-from」で参照できずに、エラーとなります。

　では、このようなときには、どうすればいいのでしょうか。
＊
　それは、"再度、「apachelog-volume」をマウント先に指定したデータボリューム・コンテナ（apachelog-container）を作ればいい"のです。

　つまり、「docker run -v apachelog-volume: /usr/local/apache2/logs –name=apachelog-container busybox」を、再度、実行すればいいのです。

　そうすることで、データボリューム・コンテナを削除する前と同じ状態に戻すことができます。

　その後、データボリューム・コンテナとつないだapacheコンテナを再度作れば、元通りになります。
＊
　ただし、この方法はデータボリュームに名前がつけられていない場合（乱数の名前）では、非常に面倒になります。

　このデータボリューム・コンテナの"うっかり削除"は起こりうることです。
　p.197の「■コンテナの破棄と作成に慣れる」では、実際に直す練習をします。

　そこで、データボリューム・コンテナ生成時には、データボリュームに名前がつけられないDockerfileではなく、手動で名前をつける形での作成としました。

| 5-2 | **nginxをリバースプロキシにしたApacheの構築** |

　この節では、「nginx」（エンジンエックス）と「Apache」を組み合わせた、小さな「リバースプロキシ環境」を作ります。

　「リバースプロキシ」とは、外部ユーザーからWebサイトにリクエストがあったときに、ユーザーのリクエストを、Webサーバが、直接受けるのではなく、中継役として、このリバースプロキシが間に立ってリクエストを受け、Webサーバにデータを取りに行く仕組みです。

　この方法では、Webサーバに接続するのが、不特定多数のユーザーではなく、リバースプロキシに限定できることから、セキュリティ上の理由で、よく使われています。

　そして、このリバースプロキシ機能をもったWebサーバ・アプリケーションがnginxです。

　実際にやることは、外部ユーザーからのアクセス先としてnginxコンテナを用意し、nginxは、リクエストがきたらApacheコンテナのコンテンツを取りにいく、という仕組みを作ります。

＊

　学習のポイントは2つあります。

---

(1) Apacheは"外部へのポートを開いていない"ということ、それでいて、nginxを利用して、外部ユーザーにコンテンツを提供する、というリバースプロキシの仕組み

(2) Docker分野での学習として、nginxとApacheの2つのアプリケーション・コンテナを作り、本来は隔離されていて通信できないコンテナ間で、データを通信する仕組み

■ nginxとは

　nginxは、一言で言えば**Webサーバの一種**ですが、近年、Apacheに迫る勢いで、利用されています。

　nginxの利用が増えた背景として、nginxはApacheに比べて、**大量アクセスを処理するのに強み**があり、近年、スマートフォンなどによるインターネット利用者の急増と相まって、注目されています。

　Apacheは、リクエストごとにプロセスを生成します。
　そのため、アクセスが非常に多いサイトでは、プロセスを作るのに必要なプロセスIDが枯渇したり（**C10K問題**）、メモリ消費量が非常に多くなったりし、サーバが処理できなくなる問題があります。

　一方、nginxは、プロセスが1CPUに1つだけ作られ、その1つのプロセスが複数のリクエストを順次処理するため、アクセス数が増えたとしてもリソース消費量が、あまり変わりません。

＊

　こうした理由から、nginxが次世代Webサーバとして注目を集めているのです。

　ただ、nginxにも苦手なものがあります。

　それは、PHPやデータベース処理などの、サーバ・サイドでの処理です。

　1つのプロセスがリクエスト処理を行なうため、時間がかかるリクエストを受けると、後続のリクエストがそのまま待たされて、遅延することになるからです。

　逆に、Apacheでは、1つのリクエストで1プロセスを生成します。
　そのため、複数のリクエストがあった場合には、並列に処理されていくので、nginxほど遅延は生じません。

＊

　そこで、現在はnginxとApacheを組み合わせ、nginxをリバースプロキシサーバとして、ユーザ側に近いフロントに置いて、htmlページなどの軽量

なリクエストの処理に対応させます。

　そして、PHPやデータベース処理のようなものは、Apacheにリクエスト
を回して処理する、という利用方法も多く見られます。

＊

　また、ロードバランサーのように、nginxで、一度リクエストを受けた後、
後ろに控えた複数台のApacheに分散して、"リクエストを転送して処理をす
る"という使い方もあります。

　とはいえ、この辺りを詳細に行なうとページが足りませんので、本書では
nginxをリバースプロキシとしてフロント側に置き、リクエストをApacheに
投げる、という基本構成のみ学んでいきます。

Column　**リバースプロキシとは**

　リバースプロキシについて補足します。

　まず、「プロキシサーバ」ですが、プロキシサーバは「代理サーバ」とも呼
ばれ、クライアントに代わり、インターネットのサイト情報を取得する動
きから、そう呼ばれています。

　「リバースプロキシ」は、流れが逆で、外部クライアントからのアクセス
を、リバースプロキシが窓口として一度受け付け、外部クライアントに代
わり、自分のネットワーク内のWebサーバのサイト・データを取りに行
き、外部クライアントに渡します。

　負荷分散やセキュリティなど、幅広い目的で使われています。

■ nginxコンテナを起動してみる

nginxには、**Docker Hub**に公式のイメージがあるので、これを利用します。

＊

まずは、nginxを「pull」して、イメージを取得します(**図5-14**)。

```
# docker pull nginx
```

```
root@ubuntu:~# docker pull nginx
Using default tag: latest
latest: Pulling from library/nginx
f2aa67a397c4: Pull complete
3c091c23e29d: Pull complete
4a99993b8636: Pull complete
Digest: sha256:b1d09e9718890e6ebbbd2bc319ef1611559e30ce1b6f56b2e3b479d9da51dc35
Status: Downloaded newer image for nginx:latest
root@ubuntu:~# 
```

図5-14　nginxイメージの取得

＊

ここで一度、nginxが動作するかを確認します。

Webサーバなので、「docker run」の仕方は、httpdコンテナのときと同じです。

動作テストなので、「--rm」をつけて、終了後に破棄することにします(**図5-15**)。

すでに使われているホストOS (Linuxサーバ)のポートを、起動しようとするコンテナで指定すると、エラーになります。

今回、nginxは80番ポートを使います。
Apacheのhttpdコンテナが起動している場合は、その80番ポートと重複するので、あらかじめhttpdコンテナは「stop」して、終了させておいてください。

```
# docker run --rm -p 80:80 -d nginx
```

```
root@ubuntu:~# docker run --rm -p 80:80 -d nginx
dc9bb1074489e726bd58cdf6a174b44cdb8678bc8838d83f319d46f03afddb63
root@ubuntu:~# 
```

図5-15　nginxの起動テスト

起動したら、ブラウザで「192.168.56.2」にアクセスして、確認してください。こんどは、nginxの「ウェルカムページ」が表示されるはずです（図5-16）。

図5-16　nginxの初期ページ

確認できたら、次の学習のエラー要因になるので、このコンテナを停止ならび削除し、80番ポートを使用可能にしておいてください。

```
# docker stop ［nginxのコンテナID］
```
（「run」するときに「--rmオプション」をつけたので、「stop」すれば、このコンテナは破棄されます）

■ nginxをリバースプロキシとしたApacheを作る

ここからが本番です。

＊

nginxをリバースプロキシにし、ApacheをWebサーバにする場合、単純にコンテナを個別に作るだけではダメで、いくつか注意事項があります。

＊

一つ目は、nginxもApachサーバのどちらもWebサーバですが、**ホストOS側のポートを利用できるのは、"1つのポートにつき、1つのコンテナのみ"**という点です。

今回は、nginxをリバースプロキシとしてフロント側に設置しますので、**nginxにホストOSの80番ポートを割り当てます。**
Apacheは、nginxから転送されるリクエストを処理するのに特化し、外部からのリクエストを直接受けないため、ホストOSのポートは使いません（図5-17）。

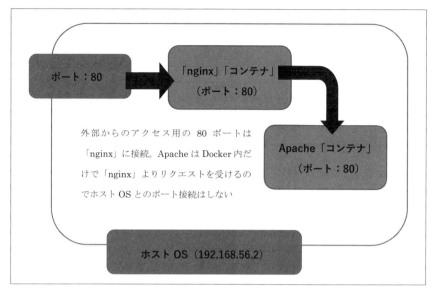

図5-17　外部アクセスのリクエストの流れ

＊

二つ目は、nginxの動作として、今回は、"**nginx が受けた http リクエスト
を、すべて apache に回すようにする**"ことです。

そのために nginx のプロキシに関する config ファイルである、「**default.conf**」
を編集する必要があります。

＊

三つ目ですが、**今回は2つのコンテナ間でネットワーク通信を行ないます**。

同じ Docker 上での動作でもコンテナ同士は隔離されており、通信するに
は、Docker での設定が必要となります。

通信に必要な設定は2つあります。

(1) Docker では、通信相手の特定にコンテナ名を使うことから、"コンテナ
　名を設定すること"
(2) もう一つは、通信するコンテナ同士を、同じネットワークのコンテナとす
　るための network という、ネットワークグループを作ること

最後に、**Apache 側の設定**となります。

今回は nginx の学習と、nginx と Apache の2つのサーバ間の通信の学習に
集中するため、Apache の「httpd.conf」には手を加えずに、「index.html」だけ
を、DocumentRoot にセットするだけのイメージとします。

●手順の流れ

以上を踏まえて、以下の流れで構築を行ないます。

---

[1] nginxからリバースプロキシ設定に必要なconfファイルを取り出す

[2] nginxのconfファイルに設定を行なう

[3] nginxのDockerfileを作る

[4] httpdのDockerfileを作る

[5] Docker上でnetworkを作る

[6] httpdコンテナを作る

[7] nginxコンテナを作る

●ディレクトリ構造

　今回のディレクトリ構成は、最終的に、右の
ようにします。

　この図において、「rproxy」ディレクトリは、
リバースプロキシ関係のディレクトリ、具体的
には**nginx関係**をまとめています。

　webディレクトリは、Webサーバ関係のディ
レクトリ、具体的にはApacheの設定ファイル
やコンテンツをまとめています。

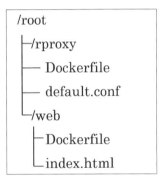

```
/root
├─/rproxy
│   ├─ Dockerfile
│   └─ default.conf
└─/web
    ├─Dockerfile
    └─index.html
```

●作るイメージコンテナその他のオブジェクト

　Dockerでの最終的なイメージコンテナ名称は、以下の通りとします。

ベースイメージ	buildした新イメージ	コンテナ名
nginx	rproxy-image	rproxy-container
httpd	web-image	web-container

その他、生成するオブジェクトは、以下の通りです。

カテゴリ	オブジェクト名称	概　要
network	web-network	ネットワーク

※networkについては、この後で説明します。

■nginxからリバースプロキシ設定に必要なconfファイルを取り出す

まずは、Apacheのところでも行なったのと同じように、仮のコンテナを起動し、confファイルをホストOS側に、コピーして取り出す操作をします。

●手順の流れ

nginxには、いくつかconfファイルがあります。

今回、nginxから取り出すファイルは、nginxの"プロキシ部分"のconfファイルです。

そのパスは、「/etc/nginx/conf.d/default.conf」です。

取り出すファイル	/etc/nginx/conf.d/default.conf

confファイルは、Apacheのときに行なったのと同様に、ホストOSのディレクトリをマウントし、かつbashシェルが動くような、仮のコンテナを作ることで取り出します。

今回のホスト側の出力先は「/root/rproxy」とし、コンテナ側のマウントポイントは「/tmp」とします。

そして、bashでコンテナ内の「default.conf」を、マウントポイントを通じて、ホストOS側にコピーします。

こちらもconfファイルを取り出すだけなので、「--rm」オプションでコンテナ終了と同時に破棄します。

＊

具体的には、次のように操作します。

手 順 confファイルを取り出す

[1]仮のnginxコンテナを起動
次のコマンドを実行する。

```
# docker run --rm -v /root/rproxy:/tmp -it nginx /bin/bash
```

> ※ホストOSには、まだrproxyディレクトリを作っていませんでしたが、このコマンドで
> rproxyディレクトリもあわせて作られます。

[2]confファイルをホストOS側に取り出す
コンテナに入ったら、コンテナ内でcpコマンドを使い、プロキシ用のconf
を、ホストOS側に取り出す。

```
# cp /etc/nginx/conf.d/default.conf /tmp/
```

[3]コピーできたことを確認する
コピーできたら、コンテナをexitで終了し、ファイルがホストOS側のrproxy
ディレクトリにコピーできているか確認します（図5-18）。

```
root@ubuntu:~# docker run --rm -v /root/rproxy:/tmp -it nginx /bin/bash
root@f09bdbf53c23:/# cp /etc/nginx/conf.d/default.conf /tmp/
root@f09bdbf53c23:/# exit
exit
root@ubuntu:~# ls -l rproxy/
合計 4
-rw-r--r-- 1 root root 1093  6月  3 10:51 default.conf
root@ubuntu:~# 
```

図5-18　nginxから取り出したconfファイルの確認

■ nginxのconfファイルを修正する

現在、ホストOSの「/root/rproxy」ディレクトリに、いま取り出した「default.
conf」があるはずです。

カレントディレクトリを「/root/rproxy」ディレクトリにし、「default.conf」
ファイルをviコマンドで開いてください。
そして、「location /」という行を見つけます。

この「location/」の「｛」と「｝」で囲われた中（ディレクティブ）には、rootと

indexの設定がありますが、今回は、ここに新たに「**proxy_pass**」という設定を追加し、値を設定します。

＊

「proxy_pass」は、リバースプロキシの設定で、ここに設定する値は転送先となるWebサーバのURIです。

今回の練習では、ホスト名(コンテナ名)は「web-container」なので、

```
proxy_pass http://web-container/;
```

という行を記述します。

URIの最後に「/」を付けることと、行の最後に「;」を付けることを忘れないでください(**図5-19**)。

```
server {
    listen       80;
    server_name  localhost;

    #charset koi8-r;
    #access_log  /var/log/nginx/host.access.log  main;

    location / {
        root   /usr/share/nginx/html;
        index  index.html index.htm;
        proxy_pass http://web-container/;   ←proxy_pass行を追加
    }

    #error_page  404              /404.html;

    # redirect server error pages to the static page /50x.html
    #
    error_page   500 502 503 504  /50x.html;
    location = /50x.html {
        root   /usr/share/nginx/html;
    }

    # proxy the PHP scripts to Apache listening on 127.0.0.1:80
```

図5-19　nginxのdefault.confを編集する

■ nginxのDockerfileを作成する

次に、nginxのDockerfileを作っていきましょう。

作る場所は、「default.conf」を置いた、「rproxy」ディレクトリ内です。

記述内容は、

・イメージの取得
・ホストOSからコンテナへ編集した「default.conf」を上書きコピー
・Dockerへのコンテナの使用ポートの通知

の3点のみです。

【/root/rproxy/Dockerfileファイル】

```
#nginxイメージの取得
FROM nginx

#設定したconfファイルをコンテナに送る
COPY ./default.conf /etc/nginx/conf.d/default.conf

#使用ポートの通知
EXPOSE 80
```

書けたら保存し、イメージを作ります。

イメージ名は、「**rproxy-image**」とします (図5-20)。

```
# docker build -t rproxy-image .
```

```
root@ubuntu:~/rproxy# docker build -t rproxy-image .
Sending build context to Docker daemon 4.096 kB
Step 1/3 : FROM nginx
 ---> ae513a47849c
Step 2/3 : COPY ./default.conf /etc/nginx/conf.d/default.conf
 ---> d2b61682defa
Removing intermediate container a2e454717410
Step 3/3 : EXPOSE 80
 ---> Running in 87dac77bb70c
 ---> e35c3f413944
Removing intermediate container 87dac77bb70c
Successfully built e35c3f413944
root@ubuntu:~/rproxy#
```

図5-20　nginxのイメージrproxy-imageを作成

■ httpdのDockerfileを作成する

こんどは、httpdコンテナ(Apache)の作業に移ります。

Apacheは、今回、「httpd.conf」を編集せずに、デフォルトで使うので「httpd.conf」の取り出しはしません。

＊

まずは、「/root/web」というディレクトリを作ります。

webディレクトリを「/root/web」となるように作り、カレントディレクトリをwebディレクトリにしてください。

そして、「index.html」を作っておいてください。

```
# mkdir /root/web
# cd /root/web
# echo "Hello World!" > /root/web/index.html
```

出来たら、Dockerfileを次のように作ってください。

今回のDockerfileのファイルパスは「**/root/web/Dockerfile**」です。

記述内容は、次の通りです。

【/root/web/Dockerfile】

```
#イメージを取得
FROM httpd

#ホストOSにあるindex.htmlを、ApacheのDocumentRootにセット
COPY ./index.html /usr/local/apache2/htdocs/

#Dockerに対して80ポートを使用する通知。
EXPOSE 80
```

こちらも作ったら保存し、イメージ化します。

イメージ名は、「**web-image**」とします(図5-21)。

```
#docker build -t web-image .
```

```
root@ubuntu: /web# docker build -t web-image .
Sending build context to Docker daemon 3.072 kB
Step 1/3 : FROM httpd
 ---> fb2f3851a971
Step 2/3 : COPY ./index.html /usr/local/apache2/htdocs/
 ---> 542f917087ad
Step 3/3 : EXPOSE 80
 ---> Running in 6507b520d3b6
 ---> de057fbf8189
Removing intermediate container 6507b520d3b6
Successfully built de057fbf8189
root@ubuntu:~/web#
```

図5-21　Apacheのイメージweb-imageを作成

■ Docker上でnetworkを作成する

次に、Docker上で、ネットワークを作ります。

なお、このネットワークというのは、ローカルネットワーク(LAN)のようなもので、コンテナ間での通信を行なう場合には、"同じネットワークに所属している必要"があります。

> コンテナ間通信は、古いバージョンのDockerでは、--linkオプションで指定していましたが、現在はレガシーオプションとなり、非推奨となりました。そこで本書では、それを使わない方法で記載します。

*

ネットワークを作るにあたっては、名前を付ける必要があります。
今回は、「web-network」とします。

作成に必要なコマンドは、「docker network create ネットワーク名」です。

以下のように入力して、作ります（**図5-22**）。

```
# docker network create web-network
```

```
root@ubuntu:~/web# docker network create web-network
bb1f0ecb5503f54a94faa00ef09361989265002387b7558a2a3e2d650b3ae2673
root@ubuntu:~/web# ▌
```

図5-22　Dockerのネットワークweb-networkを作成

これによって、web-networkというネットワークが作られました。

なお、ネットワーク一覧を確認する場合は「docker network ls」を、削除する場合は「docker network rm ネットワーク名」を使います（**図5-23**）。

```
root@ubuntu:~/web# docker network ls
NETWORK ID          NAME                DRIVER              SCOPE
29238780bcf5        bridge              bridge              local
a9f428e39b70        host                host                local
5ccc4b59db25        none                null                local
bb1f0ecb5503        web-network         bridge              local
root@ubuntu:~/web# ▌
```

図5-23　Dockerのネットワーク一覧でweb-networkを確認する

> ※networkは、今回作ったもの以外にも、デフォルトで設定されているものがいくつかあります。

■httpdコンテナを作る

続いて、いま作ったDocierfileを使ってコンテナを作っていきますが、このとき、以下の3点に注意します。

①コンテナ名を書く

nginxが通信相手とするhttpdコンテナを特定するためのコンテナ名を必ず書くこと

②「-p」オプションは不要

「-p」オプションはホストOSを経由して、外部からのアクセスを受けるときに使うが、今回のWebサーバは、外部からのアクセスを受ける必要がない。

Dockerに対しては使用ポートを通知する必要がありますが、こちらは、Dockerfile中に「EXPOSE 80」で、すでに通知しています。

③「--net=ネットワーク名」を使う
先ほど作ったネットワークを使用するオプションを使います。
そのオプションは、「--net=ネットワーク名」。

これらを踏まえて、次の「docker run」コマンドを入力します。
すると、Apacheのコンテナである、「web-container」ができあがります(図5-24)。

```
# docker run --name=web-container --net=web-network -d web-image
```

```
root@ubuntu:~/web# docker run --name=web-container --net=web-network -d web-image
ffeb2f48f30c27626d5123086cdd9b143b2ef0ad0d343662807a03bf1220bc67
root@ubuntu:~/web# ▌
```

図5-24　web-imageからweb-containerを作る

■ nginxコンテナを作る

続いて、nginxのコンテナを作ります。

こちらは、Apacheから指定してアクセスされることはないので、コンテナ名は必須ではありません。

しかし管理面から、コンテナには極力、名前を付けるようにしましょう。
ここでは「rproxy-container」とします。

そして「-p」オプションについては、nginxは外部からのアクセスを受けるので、「-p 80:80」で設定します。

また、こちらもweb-containerと通信するために「--net=web-network」を指定します(図5-25)。

```
# docker run --name=rproxy-container --net=web-network -p 80:80 -d rproxy-image
```

```
root@ubuntu:~/web# docker run --name=rproxy-container --net=web-network -p 80:80 -d rproxy-image
2b928f6203b46e4e2ea82614adbdea2251f52b9653f4891eb54829f498531454
root@ubuntu:~/web#
```

図5-25　rproxy-imageからrproxy-containerを作る

＊

ここまで出来たら、完成です。

ブラウザで確認しましょう。
（ブラウザのキャッシュに注意してください）。

ここで「Hello World!」の画面が表示されたら、成功です！（図5-26）。

図5-26　リバースプロキシ経由でWebサーバに接続する

　この「Hello World!」は、ApacheのDocumentRootにセットしたものですが、Apacheは「-p」設定がないので、外部との接続はできず、nginxを通すことでしか表示できないようになっています。

　そのため、"Hello Worldが出る＝nginxにより中継されていること"になります。

　もし、ここで「welcome to nginx」が表示されたり、ページが開かなかったりした場合には、もう一度、手順を見直してください。

■ トラブル・シューティング

参考として、このときの「docker ps」コマンドの結果で、ポイントとなる点を載せておきます（図5-27）。

IMAGE	STATUS	PORTS	NAMES
rproxy-image	Up	0.0.0.0:80->80/tcp	rproxy-container
web-image	Up	80/tcp	web-container

```
root@ubuntu:~/web# docker ps
CONTAINER ID    IMAGE           STATUS            PORTS                NAMES
2b928f6203b4    rproxy-image    Up About a minute 0.0.0.0:80->80/tcp   rproxy-container
ffeb2f48f30c    web-image       Up 3 minutes      80/tcp               web-container
root@ubuntu:~/web# 
```

図5-27 「docker ps」コマンドで見るべきポイント

上記において、nginxのコンテナでは、
・「NAMES」が「rproxy-container」であること
・「PORTS」が「0.0.0.0:80->80/tcp」であること

httpdのコンテナでは、
・「NAMES」が「web-container」であること
・「PORTS」が「80/tcp」であること
を特にチェックします。

> ※rproxy-containerのPORTSが0.0.0.0:80->80/tcpではないときは、docker run時に-pを指定し忘れているか、またはweb-container生成時に-pを指定してしまっているかを確認します。

（web-containerは、今回「-p」を指定しない。もし、web-containerで「-p」を指定するとホストOSとの接続用の80番ポートが先に使われてしまい、後から起動させるproxy-containerが80番ポートを開けなくなる）

*

「STATUS」が「Up」になっていない場合は、「docker run」時の「-d」の有無を確認します。

*

> ※ここに表示されている内容と一致しているにも拘わらずに、表示がうまくいかない場合は、nginxのconfファイルを確認し、proxy_passの記述内容が正しいか確認したり、httpdのconfファイルを確認します。
>
> 　また、docker network lsでweb-networkの確認やdocker run時に、netオプションの"記述ミス"がないか確認しましょう。

5-3 応用編) MySQL(+phpMyAdmin)を構築する

ここからは、**応用編**です。

＊

今までの知識を基にして、Linuxで人気のある、さまざまなサーバソフトウェアをいくつか構築してみましょう。

＊

まずは、フリーのデータベースソフトウェアとして人気のあるMySQLを構築してみます。

なお、Docker Hubにある、各種公式アプリケーションは、MySQLと組み合わせて使うものも多いです。

本書でも、このあと紹介する「WordPress」や「Redmine」というソフトウェアの構築でも、この節で学習するMySQLの構築および使用を前提とします。

つまり、**MySQLを学習する**ことは、大半のデータベースを使ったアプリケーションソフトを使うための、**基本**となります。

■ コンテナ作成の流れ

この節では、次の流れでMySQLのコンテナを作っていきます。

[1]破棄してもデータが消えないMySQLのコンテナを作る

まず、公式のMySQLをインストールして、単体で使用可能状態のコンテナを作ります。

今回はデータベースなので、このコンテナは、破棄してもデータが残るように構成します。

[2]管理ツールの「phpMyAdmin」をインストールする

MySQL が使用可能であることが確認出来たら、次に、「phpMyAdmin」をインストールします。

phpMyAdmin とは、MySQL サーバの操作をコマンドラインではなく、ブラウザを使用した Web-UI で GUI として操作できるようにしたアプリケーションです。

●ディレクトリ構造

今回のディレクトリ構成は、最終的に、次のようにします。

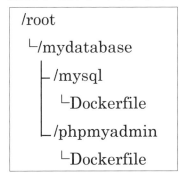

```
/root
 └/mydatabase
    ├/mysql
    │  └Dockerfile
    └/phpmyadmin
       └Dockerfile
```

●作成するイメージコンテナその他のオブジェクト

Docker での最終的なイメージコンテナ名称は、以下の通りです。

ベースイメージ	build した新イメージ	コンテナ名
busybox	-	db-container
mysql	mysql-image	mysql-container
phpmyadmin/phpmyadmin	pma-image	pma-container

その他、生成するオブジェクトは、以下の通りです。

カテゴリ	オブジェクト名称	概　要
volume	db-volume	データボリューム
network	mysql-nw	ネットワーク

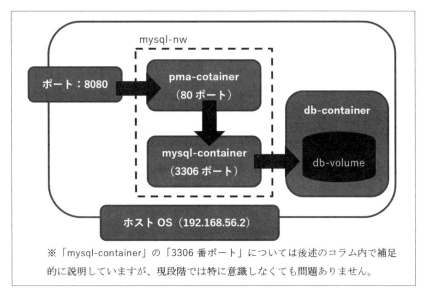

図5-28　MySQLとphpMyAdminの構成イメージ

■ MySQLコンテナの構築

それでは、MySQLのコンテナを作っていきます。

基本的にデータベース・サーバは、他のサーバから利用されることが前提となりますから、まずは、ネットワークを作ります。

ネットワークを作ったら、MySQLサーバのコンテナを作ります。

このとき、Apacheやnginxでやってきたのと同じように、一度、"仮のコンテナ"を作って、「config」ファイルをローカルに取り出して編集し、そして、それをMySQLサーバにセットしたコンテナを作って動作確認します。

●事前準備
事前準備として、「/root/mydatabase」となるように「mydatabase」ディレクトリを作り、カレントディレクトリを「mydatabase」にセットしてください。

```
# mkdir /root/mydatabase
# cd /root/mydatabase
```

●ネットワークの作成

最初はネットワークの作成です。

nginxのときと、手順は同じです。

今回は、「mysql-nw」という名前で、ネットワークを作ります（図5-29）。

```
# docker network create mysql-nw
```

```
root@ubuntu:~/mydatabase# docker network create mysql-nw
99f693de4a096ff28b1b2ec9a5aa21de7e063c922115007af2be36fca8c33c50
root@ubuntu:~/mydatabase#
```

図5-29　MySQLとphpMyAdmin用のネットワークmysql-nwを作成

●データボリューム・コンテナの作成

次に、データボリューム・コンテナを作ります。

今回も、busyboxを使ったデータボリューム・コンテナを作ります。

データボリューム・コンテナのマウントポイントですが、今回はMySQL
のデータベースを保存する必要があります。

そのため、MySQLのデフォルトのデータ・ディレクトリである「/var/lib/
mysql/」とします。

データボリューム名は、「db-volume」、データボリューム・コンテナ名は
「db-container」を設定することにします。
*
まずは、次のように入力して、データボリュームを作ります（図5-30）。

```
# docker volume create --name=db-volume
```

```
root@ubuntu:~/mydatabase/mysql# docker volume create --name=db-volume
db-volume
root@ubuntu:~/mydatabase/mysql#
```

図5-30　データベース用ボリュームdb-volumeを作る

＊

次に、データボリューム・コンテナを作ります（図5-31）。

```
# docker run -v db-volume:/var/lib/mysql/ --name=db-
container busybox
```

```
root@ubuntu:~/mydatabase/mysql# docker run -v db-volume:/var/lib/mysql/ --name=db-container busybox
root@ubuntu:~/mydatabase/mysql# ▮
```

図5-31　データボリュームを使うためのデータボリューム・コンテナを作成

以上で、MySQL用のデータボリューム・コンテナの完成です。

●Dockerfileを作るときのポイント

ここからは、MySQLの構築フェーズになります。

MySQL構築時に知っておくべき重要なポイントは、3つあります。

①日本語を扱うための設定

1つ目ですが、MySQLは、デフォルトでは「latin1」の文字コードとなっており、このままでは日本語のデータを扱えません。

日本語 環境で使うには、日本語の文字コードを使う必要があります。

本書ではMySQLの文字コードを「UTF-8」(utf8mb4)として構築します。すると、日本語が使えるようになります。

＊

通常のMySQLでは、設定ファイルである「my.cnf」に文字コード設定を書き込んで設定しますが、MySQLのDaemonである「mysqld」起動時 (docker run時)に、コマンドラインで文字コード オプションを指定して起動することで設定できるので、ここで作るコンテナは、その方法を採用します。

> Daemonはデーモンと呼び、バックグラウンドで動くプロセスを指します。
> Windowsにおけるサービスと、ほぼ同じです。

文字コード以外は、特にデフォルトで問題ありません。

今回は、Apacheやnginxのように、"「conf」を取り出して戻す"といったことはせずに、コマンドラインオプションのみでMySQLの設定を行ないます。（「/etc/mysql/my.cnf」を取り出して、編集して戻すなどの方法でも可能です）

*

具体的には、docker起動時に、文字コードオプションを指定します。

ここではDockerfileでMySQLを構築するので、Dockerfile中の「CMD命令」に記述することになります。

CMDで行なう命令は、今回はOS相手の「/bin/bash」ではなく、MySQLのDaemonに対する命令ですから、コマンドは「**mysqld**」です。

引数として、「--character-set-server = utf8mb4」と「--collation-server = utf8mb4_unicode_ci」をセットします。
（引数についてはDocker Hubの、MySQLのDESCRIPTIONに説明があります）

②rootアカウントのパスワード

2つ目は、データベースのrootアカウントのパスワードの設定です。

MySQL構築時には、データベースのrootアカウントに対するパスワードを設定する必要があります。

これは、MySQLが参照する環境変数の「MYSQL_ROOT_PASSWORD」に、パスワードを与えることで設定します。

今回は、MySQLのrootアカウントに、パスワードとして「dbpass01」を設定することにします。

Dockerfile では、「ENV 命令」を使って、環境変数を設定します。

③ネットワークやデータボリュームとの紐付け

3つ目は、docker run 時に、あらかじめ作っておいたネットワークの「mysqlnw」と、データボリューム・コンテナの「db-container」と紐づけることです。

④MySQLとアプリケーション間の認証方式設定

MySQL8 から MySQL とアプリケーション間のパスワード認証プロトコルが変わり、執筆時はアプリケーション側（phpMyAdmin他）が対応しておらず接続エラーとなりました。

エラーを回避するにはMySQL5を使用するか、認証プロトコルの旧方式の使用をMySQLに指定するか、アプリケーション側の対応を待つかのいずれかになります。

MySQL5を使用した場合、あるいはアプリケーション側の対応ができた場合は本設定は不要ですが、本書では認証プロトコルを指定してエラーを回避するようにオプション指定します。

オプション指定については①日本語を扱うための設定と同じで、以下のオプションを書き加えます。

```
--default-authentication-plugin = mysql_native_password
```

また、将来的に旧方式をサポートしなくなる等で状況が変わり、予期しないエラーが発生する可能性があるので、本書ではMySQLのバージョンを8で指定します。

それでは「/root/mydatabase/mysql/」ディレクトリを作り、viエディタでDockerfileを新規作成し、以下の内容を入力してください。

【/root/mydatabase/mysql/Dockerfile】

```
#MySQLのイメージの取得
FROM mysql:8

#MySQLのrootアカウントにパスワードを設定
ENV MYSQL_ROOT_PASSWORD=dbpass01
```

```
#文字コードとしてutf8mb4をセットし、アプリ間の認証方式を旧方式にする
CMD ["mysqld",¥
"--character-set-server=utf8mb4","--collation-
server=utf8mb4_unicode_ci",¥
"--default-authentication-plugin=mysql_native_password"]
```

今回のCMD命令は、一行で書くと長いため、「¥」を入れて改行しています。

改行「\」も、そのままDockerfile中に入力してかまいません（図5-32）。

```
#文字コードとしてutf8mb4をセットし、アプリ間の認証方式を旧方式にする
CMD ["mysqld",¥
"--character-set-server=utf8mb4","--collation-server=utf8mb4_unicode_ci",¥
"--default-authentication-plugin=mysql_native_password"]
```

図5-32　Dockerfileで¥を使って、3行に渡ってCMD命令を書く

なお、ENVやCMDの記述については「4-2　Dockerfileの書き方と注意事項」を参照してください。

●イメージの作成

できたら、イメージを作ります。

ここでは、mysql-imageという名前にしました。

カレントディレクトリを/root/mydatabase/mysql/にして、実行します（図5-33）。

```
# cd /root/mydatabase/mysql
# docker build -t mysql-image .
```

```
root@ubuntu:~/mydatabase/mysql# docker build -t mysql-image .
Sending build context to Docker daemon  2.048kB
Step 1/3 : FROM mysql:8
8: Pulling from library/mysql
45b42c59be33: Already exists
Digest: sha256:b1cc887ed32cc6c2f217b12703bd05f503f2037892c8bb226047fe5dff85a109
Status: Downloaded newer image for mysql:8
 ---> 2933adc350f3
Step 2/3 : ENV MYSQL_ROOT_PASSWORD=dbpass01
 ---> Running in b95f6c3f7ba8
Removing intermediate container b95f6c3f7ba8
 ---> 7e83fe2ea339
Step 3/3 : CMD ["mysqld","--character-set-server=utf8mb4","--collation-server=utf8mb4_unicode_ci","--default-authentication-plugin=mysql_native_password"]
 ---> Running in c6da8a17babe
Removing intermediate container c6da8a17babe
 ---> f9abb0f3e8b0
Successfully built f9abb0f3e8b0
Successfully tagged mysql-image:latest
root@ubuntu:~/mydatabase/mysql#
```

図5-33　文字コード、認証方式を指定したmysql-imageをDockerfileより作る

(Column) **ポート番号はいらない？**

　このDockerfileには、ポート指定のEXPOSEがありませんが、設定しなくていいのでしょうか。

　実は、この公式のMySQLは、mysqlのイメージが作られた際に、公式で、すでにEXPOSEで3306（※mysqlが使用する標準ポート）が設定されています。

　そのため、そのイメージを利用しているこのDockerfileでは、EXPOSEを指定しなくても、3306がすでに利用できる状態になっています。

　なお、公式のMySQLイメージも、またDockerfileによって作られており、Docker HubのMySQLの説明サイトで、そのDockerfileが見られます。
　そしてそこに、EXPOSE 3306が記載されているのを確認できます。

●コンテナの作成
　次に、今のイメージから、コンテナを作ります。

　コンテナ名は、「mysql-container」としました。
　すでに説明した注意事項を押さえつつ、次のようにdocker runのコマンドを入力します（図5-34）。

```
# docker run --volumes-from=db-container --name=mysql-
container --net=mysql-nw -d mysql-image
```
　※上記は"一行"で書きます。

　ここでのdocker runでは、「mysql-image」の後ろにコマンド引数（/bin/bashなど）を一切付けてはいけません。

　付けてしまうとDockerfileのCMD命令（文字コードをセットする命令）がコマンド引数によって上書きされるため、日本語が入力できなくなります。

```
root@ubuntu:~/mydatabase/mysql# docker run --volumes-from=db-container --name=mysql-container --net=
mysql-nw -d mysql-image
bd8895ce4d04901e1279e39b201b48501dd86921d19d796ed85885d420e33134
root@ubuntu:~/mydatabase/mysql# █
```

図5-34　mysql-imageからmysql-containerを作る

●動作の確認

最後に、正しく構築できているかを確認します。

---

[1] コンテナの状態の確認

まずは、「docker ps -a」でコンテナが作られていることを確認します。

「mysql-container」の「**STATUS**」が Up 状態であることと、「db-container」が作られていることを確認します（図5-35）。

（「db-container」は「Exited」でかまいません。

ただし、「Exited」の（）内が0以外であれば、エラーなのでコードをチェックします）。

```
root@ubuntu:~/mydatabase/mysql# docker ps -a
CONTAINER ID      IMAGE          COMMAN  STATUS               PORTS        NAMES
bd8895ce4d04      mysql-image    "dock   Up 3 minutes         3306/tcp     mysql-container
f418fe674082      busybox        "sh"    Exited (0) 9 minutes ago          db-container
root@ubuntu:~/mydatabase/mysql# █
```

図5-35　作った「mysql-container」と「db-container」を確認する

Column ┃ 「mysql-container」が「Exited」している場合

mysql-container が Exited している場合は、docker logs コンテナ名で、ログを確認してください。

```
# docker logs mysql-container
```

この内容を確認し、問題点を修正します。

Column ┃ MySQLコンテナがどうしてもうまくいかない人へ

ここで作成したMySQLコンテナは、次節以降の WordPress や Redmine のコンテナを構築する際に使っていきます。うまくいかない人は、Dockerfile を使わない、次の方法も試してみてください。

```
# docker run --volumes-from=db-container --name=mysql-
container --net=mysql-nw -e MYSQL_ROOT_PASSWORD=dbpass01
-d mysql --character-set-server=utf8mb4 --collation-
server=utf8mb4_unicode_ci
```

※上記コマンドは"一行"で書いてください。コマンドの内容はDockerfileのものと全く同じです。

[2] mysqlサーバの設定の反映確認

　mysqlに対しては、データベースのrootパスワードの設定と、文字コードの設定をしていました。

　これが、正しく反映されているかどうか確認します。

①rootユーザーでの接続確認

　稼働中のコンテナを確認するには、いつものように、新しいubuntuコンテナを生成し、そこからmysqlサーバにリクエストを出す形でもかまいませんが、今回は稼働中のコンテナに接続ができる、「docker exec」を使ってみます。

　「docker exec」の書式は、「**docker exec　オプション　コンテナ名　コマンド　引数**」です。

＊

　次のように、コマンドを入力してください（図5-36）。

（これまで使ってきたubuntuの「/bin/bash」での確認に似ていますが、「docker exec」では、指定対象が"イメージではなく、コンテナ"という違いがあります）。

```
# docker exec -it mysql-container /bin/bash
```

```
root@ubuntu:~/mydatabase/mysql# docker exec -it mysql-container /bin/bash
root@bd8895ce4d04:/#
```

図5-36　docker execを使って稼働中のコンテナを確認する

　このコマンドでコンテナの中に入ったら、MySQLコンテナ上のMySQLデータベースに「root」でログインします。

　そのためには、コンテナ内で、以下を入力します。

（パスワードはDockerfileで定義した「**dbpass01**」です）。

```
#mysql -uroot -pdbpass01
```

（-u［ユーザー名］ -p［パスワード］。「-u」と「root」の間は詰める。「-p」も同じ）

　ログインできると、MySQLのウェルカムメッセージが表示され、プロンプトが「**mysql>**」に変わります（図5-37）。

> ※ログインできないときは、rootパスワードが間違って設定されている可能性があるので、確認してください。

図5-37　MySQLコンテナ内でmysqlサーバにログインしたところ

②文字コードのセットの確認

次に、文字コードが設定されていることを確認します。

これは、「status」コマンドで確認できます。

```
mysql> status
```

ここで「Server characterset」および「DB characterset」が「uft8mb4」になっていれば、正しく設定されています（図5-38）。

確認したら「exit」と入力してmysqlを抜け、さらにexitしてコンテナから抜けてください。

図5-38　mysqlサーバのstatusで言語設定(UTF8)を確認する

[3]データボリューム・コンテナの確認

次にデータボリューム・コンテナを確認します。

データボリューム・コンテナのほうは、コンテナが「Exited」状態であるため、「docker exec」は使えません。

そこで、通常のデータボリュームを参照したコンテナを作って確認します（図5-39）。

```
# docker run --rm --volumes-from db-container -it ubuntu /
bin/bash
```

> ※上記は、"一行"で表記します。

```
root@ubuntu:~/mydatabase/mysql# docker run --rm --volumes-from db-container -it ubuntu /bin/bash
root@20eb2705c719:/#
```

図5-39　データボリューム・コンテナを確認する

コンテナに入ったら、以下のコマンドを入力し、データボリュームのマウントディレクトリの内容を確認します（図5-40）。

```
# ls -l /var/lib/mysql/
```

```
root@20eb2705c719:/# ls -l /var/lib/mysql/
total 188476
-rw-r----- 1 999 999       56 Jun  3 07:31 auto.cnf
-rw------- 1 999 999     1679 Jun  3 07:31 ca-key.pem
-rw-r--r-- 1 999 999     1107 Jun  3 07:31 ca.pem
-rw-r--r-- 1 999 999     1107 Jun  3 07:31 client-cert.pem
-rw------- 1 999 999     1679 Jun  3 07:31 client-key.pem
-rw-r----- 1 999 999     1335 Jun  3 07:31 ib_buffer_pool
-rw-r----- 1 999 999 50331648 Jun  3 07:31 ib_logfile0
-rw-r----- 1 999 999 50331648 Jun  3 07:31 ib_logfile1
-rw-r----- 1 999 999 79691776 Jun  3 07:31 ibdata1
-rw-r----- 1 999 999 12582912 Jun  3 07:31 ibtmp1
drwxr-x--- 2 999 999     4096 Jun  3 07:31 mysql
drwxr-x--- 2 999 999     4096 Jun  3 07:31 performance_schema
-rw------- 1 999 999     1679 Jun  3 07:31 private_key.pem
-rw-r--r-- 1 999 999      451 Jun  3 07:31 public_key.pem
-rw-r--r-- 1 999 999     1107 Jun  3 07:31 server-cert.pem
-rw------- 1 999 999     1679 Jun  3 07:31 server-key.pem
drwxr-x--- 2 999 999    12288 Jun  3 07:31 sys
root@20eb2705c719:/#
```

図5-40　データボリュームにmysqlサーバの情報が出力されている

　ここに、mysql関係のシステムファイルがあることを確認できれば、データボリューム・コンテナは正しく動作しています。

>
> 　データボリュームもサーバそのものが壊れてしまっては、元も子もありません。
> 　そのため、実運用ではデータボリューム（/var/lib/mysql/）の内容をバックアップすることも忘れないようにしてください。
>
> 　データボリュームのバックアップは、ホストOSに書き出し、それをバックアップ・ソフトウェアなどで、外部に保存することで行ないます。
>
> 　詳しくは、「3-8　『Docker』の『データボリューム』の内容を『バックアップ・リストア』する」を参照してください。

■ phpmyadminコンテナの構築

　以上でMySQLのサーバを構築できたので、この時点で、CUI操作であれば、SQLを実行してテーブルの作成などはできます。

　しかし、運用ベースでは、GUIでMySQLを操作して、データの内容をチェックしたり、CSVデータやExcelファイルで、データのダウンロードやアップロードを行なえたりするなど、便利であることからphpMyAdminをMySQLと同時に構築することも多いです。

　DockerでphpMyAdminを構築する場合は、MySQLコンテナの中にphpMyAdminをインストールするのではなく、新たにphpMyAdminのコンテナを作り、そこからMySQLコンテナを参照するようにします。

●phpmyadminコンテナの作成
　では、phpmyadminのコンテナを作っていきましょう。

　こちらも、Docker Hubに公式イメージがあるので、それを使います。
　公式イメージを使用した場合、phpMyAdminの設定については、それほど難しくなく、mysqlサーバが正しく動作していれば、環境変数をいくつか設定するぐらいしかありません。

● Dockerfileの作成

では、Dockerfileを作ります。

Dockerfileの作成場所は、「/root/mydatabase/phpmyadmin」ディレクトリとします。

Docker Hubから取得するイメージ名は「phpmyadmin/phpmyadmin」です。

環境変数については、いろいろと項目がありますが、必須となる設定は、次の**3**つです。

環境変数	説　明	今回の設定値
PMA_HOST	phpmyadminが使用する、mysqlサーバのコンテナ名	mysql-container
PMA_USER	phpmyadminが使用する、mysqlアカウント名	root
PMA_PASSWORD	「PMA_USER」のパスワード	dbpass01

※今回の設定値は、これまで作ってきたMySQLコンテナのものです。

＊

では、上記をもとにDockerfileを作りましょう。

今回のDockerfileの作成場所は、「/root/mydatabase/phpmyadmin/Dockerfile」とします。

次の内容を記述してください。

【/root/mydatabase/phpmyadmin/Dockerfile】

```
#phpmyadminのイメージ取得
FROM phpmyadmin/phpmyadmin
#phpmyadminの環境変数の設定
ENV PMA_HOST=mysql-container ¥
    PMA_USER=root ¥
    PMA_PASSWORD=dbpass01
```

● イメージの作成

できたら、イメージ名を「pma-image」として、イメージを作ります。

カレントディレクトリは、「/root/mydatabase/phpmyadmin/」とした状態で実行してください(図5-41)。

```
# cd /root/mydatabase/phpmyadmin
# docker build -t pma-image .
```

```
root@ubuntu:~/mydatabase/phpmyadmin# docker build -t pma-image .
Sending build context to Docker daemon 2.048 kB
Step 1/2 : FROM phpmyadmin/phpmyadmin
latest: Pulling from phpmyadmin/phpmyadmin
605ce1bd3f31: Already exists
```

```
22b383219685: Pull complete
Digest: sha256:e69230cdc50ab925ab2ce58cc189aa8f595a171331c9f58e1f99cc7f24e7a100
Status: Downloaded newer image for phpmyadmin/phpmyadmin:latest
 ---> 4bdc31ab2ded
Step 2/2 : ENV PMA_HOST mysql-container PMA_USER root PMA_PASSWORD dbpass01
 ---> Running in 7081f686ed5e
 ---> 89d6767c94d7
Removing intermediate container 7081f686ed5e
Successfully built 89d6767c94d7
root@ubuntu:~/mydatabase/phpmyadmin#
```

図5-41　環境変数を設定した「pma-image」をDockerfileから作る

(上記実行結果の画面では、phpMyAdminの"ファイルダウンロード部分"は行数が多いため、途中をカットしています)

*

次に、コンテナを作ります。

コンテナ名は、「**pma-container**」とします。

このとき、「docker run」時に設定する項目として、

・netオプション：あらかじめ作成しておいたMySQLのネットワーク
・-pオプション：ホストOS側とphpmyadminを接続する。
　　　　　　　　(phpmyadminはブラウザを使ったWeb-UIであり、外部から接続されることが前提)

を忘れずに設定します。

「-p」については、phpMyAdminには、デフォルトで80番ポートが設定(EXPOSE)されています。

外部から接続する際のホストOS側のポートとして、今回は8080番ポートを使います(**図5-42**)。

```
# docker run --net=mysql-nw --name=pma-container -p
  8080:80 -d pma-image
```

※上記は、"一行"です。

```
root@ubuntu:~/mydatabase/phpmyadmin# docker run --net=mysql-nw --name=pma-contain
er -p 8080:80 -d pma-image
6c889728f0eb967213f867951ee0e65f8829f82f567359a86a77099b55ab3a53
root@ubuntu:~/mydatabase/phpmyadmin#
```

図5-42　phpMyAdminのコンテナ作成

phpmyadminは管理用ツールということもあり、通常は管理者のみが使います。

そのため、一般ユーザーからアクセスされやすい80番ポートを使うのではなく、それ以外のポートを使うことが多いです。

今回は、外部からは8080番ポートでアクセスさせて利用します。

●動作の確認

以上で、構築は完了です。

構築ができたら、「docker ps」コマンドを使って、コンテナが出来ていること、および、「mysql-container」と「pma-container」が「Up」となっていることを確認しましょう（図5-43）。

```
# docker ps
```

```
root@ubuntu:~# docker ps
CONTAINER ID      IMAGE          STATUS              PORTS                          NAMES
6c889728f0eb      pma-image      Up About a minute   9000/tcp, 0.0.0.0:8080->80/tcp pma-container
bd8895ce4d04      mysql-image    Up 2 minutes        3306/tcp                       mysql-container
root@ubuntu:~#
```

図5-43　phpMyAdminとMySQLのプロセス確認

そして確認できたら、ブラウザで「192.168.56.2:8080」にアクセスして、phpMyAdminが起動することを確認してください（図5-44）。

図5-44　phpMyAdminの動作確認

起動したら、データベースの作成で一つ、なんでもいいので"空の"データベースを作り、phpMyAdmin上でデータベースを作れることを確認します。

＊

ここでは、以下の手順で、「**test-db**」というデータベースを作ります（図5-45）。

---

[1]左ペインのツリー最上段の［New］をクリック
[2]右ペインの［データベースを作成する］にデータベース名（例：test-db）を入力
[3]右の［作成］ボタンをクリック

作られると、左ペインに「test-db」の行が追加されているのが確認できます（図中の④）。

（なお、左ペインが折りたたまれていることがあります。その場合はphpmyadminの左上に「→」があるので、これをクリックして開きます）。

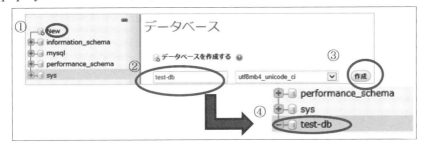

図5-45　phpMyAdminを使ったMySQLへのデータベース作成方法

■ コンテナの破棄と作成に慣れる

Dockerでは、アプリケーション・サーバと異なり、運用しているアプリケーション・コンテナに異常が発生すれば、そのコンテナを復旧させるのではなく、コンテナを破棄し、イメージから新たに作ることで、全体を回復させる流れであると、たびたび、記載しました。

それでも、業務で使うような重要なコンテナで、いざ、トラブルが起こったときにコンテナの破棄と作成を行なおうとしても、経験がないと、なかなか実行に踏み切れないと思います。

ここまで構築してきたものは、

・クライアント（ブラウザ）

・アプリケーションサーバ（phpMyAdmin）

・データベースサーバ（MySQL）

で構築された、3階層アーキテクチャの、つまり業務システムでよく使われる、一般的な形式です。

　そこで、ここでは、実際にコンテナの破棄と作成を行ない、コンテナを再生するための体験をし、安全に再生できる手順を実際に学んでもらいます。

●学習内容

　データベース・アプリケーションで、コンテナの破棄と作成をする上で重要なのは、"**破棄前のコンテナが利用していたデータベース情報を、作った新しいコンテナに引き継げなければならない**"という点です。

＊

　今回の練習概要ですが、**図5-45**では、新規作成したばかりの環境に、空のデータベース「**test-db**」を作りました。

　まずは、mysqlおよびphpmyadminの両コンテナを破棄します。

　そして、再度、コンテナを再作成した後に、新しいコンテナのphpmyadminから、破棄前に作った空のデータベースが存在することを確認します。

　そうすることで、データベースが引き継がれたことを、確認してみます。

●コンテナの停止

　まずは、コンテナを停止しましょう。

　「docker stop」で、2つのコンテナを停止します（**図5-46**）。

```
# docker stop mysql-container pma-container
```

```
root@ubuntu:~/mydatabase/phpmyadmin# docker stop mysql-container pma-container
mysql-container
pma-container
root@ubuntu:~/mydatabase/phpmyadmin#
```

図5-46　「mysql-container」と「pma-container」の両方を停止する

続いて、コンテナをすべて削除します。

```
# docker container prune
```

これにより、データボリューム・コンテナを含むすべてのコンテナが削除されます。

なお、このコマンドを実行すると、停止状態のコンテナがすべて削除されます。
念のため、実行前には「docker ps -a」で確認するといいでしょう。

また、ここで削除されるのは、先ほど停止した「mysql-container」と「pma-container」、そして、最初から停止状態の「db-container」です。

確認のメッセージで、「y」を選択することで削除されます（図5-47）。

（もちろん、「docker rm mysql-container pma-container db-container」で、各コンテナを指定して削除する方法でもかまいません）。

```
root@ubuntu:~/mydatabase/phpmyadmin# docker container prune
WARNING! This will remove all stopped containers.
Are you sure you want to continue? [y/N] y
Deleted Containers:
6c889728f0eb967213f867951ee0e65f8829f82f567359a86a77099b55ab3a53
bd8895ce4d04901e1279e39b201b48501dd86921d19d796ed85885d420e33134
f416fe6740822c327ecb82a0b63cea611ce1cc88c21df43107cf7109eba78261

Total reclaimed space: 95.29 kB
root@ubuntu:~/mydatabase/phpmyadmin#
```

図5-47　docker container pruneを使って、一括でコンテナを削除する

Column 「docker system prune」は使わない

　コンテナを削除する方法として、コンテナだけではなくシステム全体を
クリーンアップする「docker system prune」というのもありますが、これ
は使わないでください。

＊

　このコマンドは、不要なイメージなども、一回のコマンドで削除できる
便利なコマンドです。

　しかし、消さなくてもいいもの——具体的には、ネットワークの「mysql-
nw」や、最重要となるデータボリュームの「db-volume」も、条件が揃うと、
消してしまうためです。

（「docker container prune」はデータボリューム・コンテナを消去しますが、
中身であるデータボリュームは消去しません）。

●コンテナの再生成

　続いて、再度、コンテナを作ります。

　先ほどはコンテナを破棄しましたが、そのコンテナを作るためのイメージ
はそのまま残っています。

　そのため、コンテナを最初のときと同じ条件で作るだけです（図5-48）。
このとき、起動順を間違えないようにします。

---

①データボリューム・コンテナを作成

```
# docker run -v db-volume:/var/lib/mysql/ --name=db-
container busybox
```

②MySQLコンテナを作成

```
# docker run --volumes-from=db-container --name=mysql-
container --net=mysql-nw -d mysql-image
```

③phpMyAdminコンテナを作成

```
# docker run --net=mysql-nw --name=pma-container -p
8080:80 -d pma-image
```

```
root@ubuntu:~/mydatabase/phpmyadmin# docker run -v db-volume:/var/lib/mysql/ --name=d
b-container busybox
root@ubuntu:~/mydatabase/phpmyadmin# docker run --volumes-from=db-container --name=my
sql-container --net=mysql-nw -d mysql-image
42aa08b5482c2947c71b6de2969d05416839bcb758bcc43d0d09c8189218aa11
root@ubuntu:~/mydatabase/phpmyadmin# docker run --net=mysql-nw --name=pma-container -
p 8080:80 -d pma-image
1fb5c7ecbdcc5d661b7df06d0226af06e9057d82963abe454261b73d56f6cb69
root@ubuntu:~/mydatabase/phpmyadmin#
```

図5-48　削除したコンテナを再度作る

　起動ができたら、ブラウザでアクセスして確認してください。

（ブラウザ・キャッシュを読まないように[Ctrl]＋[F5]キー〈キャッシュを使わず再読み込みする〉などで読み込んでください）

＊

　ここまでの手順で、コンテナを破棄して再作成しましたが、破棄前に作ったデータベースtest-dbが、再作成したphpMyAdminコンテナ上のデータベースリストにあり、以前のデータが引き継がれていることを確認できるはずです。

＊

　以上で、mysqlおよびphpMyAdminの構築は完了です。

5-4　応用編）WordPressを構築する

　WordPressは、主に企業でWebサイトのコンテンツを構築するのに利用される、「CMS」（Contents Management System）と呼ばれるソフトウェアです。

　CMSはWebページを作るのに、htmlタグなどの専門知識がなくても、視覚的にサイトを作れることから人気があります。

■ コンテナ作成の流れ

　WordPressもDocker Hubより入手できますが、WordPressの導入には、別途事前にMySQLサーバを構築する必要があります。

●ディレクトリ構造

今回のディレクトリ構成は、最終的に、下図のようにします。

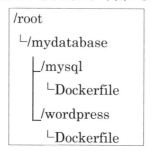

```
/root
 └/mydatabase
    │/mysql
    │  └Dockerfile
    │/wordpress
       └Dockerfile
```

なお、mysqlディレクトリについては「5-3 応用編）MySQL（+phpMyAdmin）を構築する」で構築したものを、そのまま使います。

また、上記では記載していませんが、これまでの手順で、phpMyAdminを作った方は、そのディレクトリを、そのまま残しておいてください。

●作成するイメージコンテナその他のオブジェクト

Dockerでの最終的なイメージコンテナ名称は、以下の通りです。

ベースイメージ	buildした新イメージ	コンテナ名
busybox	-	db-container
mysql	mysql-image	mysql-container
wordpress	wp-image	wp-container

その他、生成するオブジェクトは、以下の通りです。

カテゴリ	オブジェクト名称	概　要
volume	db-volume	データボリューム
network	mysql-nw	ネットワーク

※コンテナオブジェクトについて、今回作るwp-image、wp-container以外は、すべて5-3　応用編）MySQL（+phpMyAdmin）を構築すると同じものです。

コンテナ間の相関図は、図5-49のようになります。

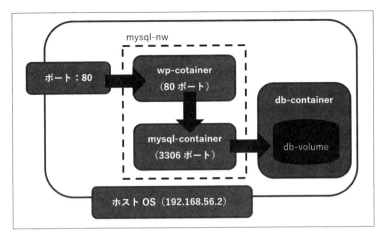

図5-49 MySQLとWordPressの構成イメージ

■ MySQLサーバの構築

まずは、MySQLサーバを構築します。

*

今回は、「5-3 応用編）MySQL（+phpMyAdmin）を構築する」で作った mysqlサーバをそのまま流用するで、構築の手順は、ここでは割愛します。

mysqlサーバを構築していない方は、「5-3 応用編）MySQL（+phpMyAdmin）を構築する」を参考にして、構築してください。

■ WordPressの構築

続いて、WordPress部分の構築に移ります。

まずは、Dockerfileの作成から着手していきましょう

●操作の流れ

ここでは、/root/mydatabase/wordpressというディレクトリを作り、その中にDockerfileを作ります。

WordPressのイメージについては、Docker Hubより **wordpress** というイメージを取得します。

*

続いて、環境変数の設定ですが、こちらもphpmyadminと同じ要領になります。

主要な項目は、3つです。

環境変数	説　明	今回の設定値
WORDPRESS_DB_HOST	WordPress が使用する mysql サーバのコンテナ名	mysql-container
WORDPRESS_DB_USER	WordPress が使用する mysql アカウント名。通常は「root」。	root
WORDPRESS_DB_PASSWORD	WORDPRESS_DB_USER のパスワード	dbpass01

※「WORDPRESS_DB_USER」「WORDPRESS_DB_PASSWORD」はmysqlサーバ側にセットした設定値（5-3　応用編）MySQL（＋phpMyAdmin）を構築するで構成したもの）です。

phpmyadminコンテナを作った方は、気づいているかもしれません。
上記は変数名こそWordPressのものですが、設定項目は同じです。
そのため、Dockerfileも、ほぼ同じ要領となります。

●Dockerfileを作る

wordpressディレクトリを作り、カレントディレクトリをそこに移動します。

```
# cd /root/mydatabase/wordpress
```

そしてDockerfileを、以下の内容で作ってください。

【/root/mydatabase/wordpress/Dockerfile】

```
#wordPressのイメージ取得
FROM wordpress
#WordPressの環境変数の設定
ENV WORDPRESS_DB_HOST=mysql-container ¥
    WORDPRESS_DB_USER=root ¥
    WORDPRESS_DB_PASSWORD=dbpass01
```

●イメージの作成

Dockerfileが出来たら、「build」してイメージを作ります。
イメージ名は「wp-image」とします（図5-50）。

```
# docker build -t wp-image .
```

```
root@ubuntu:~/mydatabase/wordpress# docker build -t wp-image .
Sending build context to Docker daemon 2.048 kB
Step 1/2 : FROM wordpress
latest: Pulling from library/wordpress
f2aa67a397c4: Already exists
4c3122805fd6: Pull complete
```

```
710c4b456373: Pull complete
Digest: sha256:b0460dba11737144b232a7794403d4052982f2332caeea82f618fc98d0547387
Status: Downloaded newer image for wordpress:latest
 ---> 6a837ea4bd22
Step 2/2 : ENV WORDPRESS_DB_HOST mysql-container WORDPRESS_DB_USER root WORDPRESS_DB_
PASSWORD dbpass01
 ---> Running in 85ac645f51ef
 ---> 0b2bff38964e
Removing intermediate container 85ac645f51ef
Successfully built 0b2bff38964e
root@ubuntu:~/mydatabase/wordpress#
```

図5-50 環境変数を設定したwp-imageをDockerfileから作る

（イメージのダウンロード部分は中略しています）

●コンテナの作成

続いて、コンテナを作ります。

コンテナ名は、「wp-container」とします。

外部のブラウザから、アクセスするホストOSへのポートについては、80番ポートを使うことにします。

カレントディレクトリは「/root/mydatabase/wordpress/」として実行してください（図5-51）。

```
# cd /rooy/mydatabase/wordpress
# docker run --net=mysql-nw --name=wp-container -p 80:80 -d
  wp-image
```

```
root@ubuntu:~/mydatabase/wordpress# docker run --net=mysql-nw --name=wp-container -p
80:80 -d wp-image
f86ac0c6fcac960e89f93435defbc8346853de21c14d1a2490ca17f2eb106c5b
root@ubuntu:~/mydatabase/wordpress#
```

図5-51 wp-imageからwp-containerを作る

●動作確認

以上で、構築完了です。

あとはブラウザで「http://192.168.56.2」へアクセスして、確認します (図5-52)。

図5-52　WordPressの起動画面

このとき、phpmyadminでアクセスすると (http://192.168.56.2:8080/)、mysqlサーバ上に、wordpressのデータベースが出来ていることも確認できます (図5-53)。

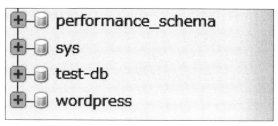

図5-53　WordPress起動時に作られたデータベース

なお、作ったWordPressには、まだ何もコンテンツがありません。

本書の内容から外れるため詳細は割愛しますが、この後は、起動画面で日本語を選択した後、初期設定として管理者用IDパスワード他を設定することで、利用可能になります。

5-5 応用編）Redmine を構築する

Redmine とは、企業で人気のあるフリーのプロジェクト管理 ソフトウェアです。

チームメンバーのスケジュールを登録して進捗管理したり、業務タスクをチケットという単位で割り振ったりできるほか、Wiki によるチーム内情報共有機能もあります。

■ コンテナ作成の流れ

Redmine も、Docker Hub の公式イメージを利用できます。

こちらも WordPress と同じく、別途データベースが必要となりますので、今回も「5-3　応用編）MySQL（＋pyMyAdmin）を構築する」で構築した、mysql サーバを使っていきたいと思います。

（mysql サーバを作っていない方は、「5-3　応用編）MySQL（＋pyMyAdmin）を構築する」を参考に、構築してください）

●ディレクトリ構造

今回のディレクトリ構成は、最終的に、右のようにします。

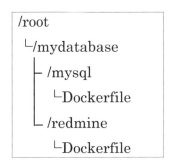

```
/root
└/mydatabase
    ├ /mysql
    │   └Dockerfile
    └ /redmine
        └Dockerfile
```

●作成するイメージコンテナその他のオブジェクト

Docker での最終的なイメージコンテナ名称は、以下の通りです。

ベースイメージ	build した新イメージ	コンテナ名
busybox	-	db-container
mysql	mysql-image	mysql-container
redmine	rm-image	rm-container

その他、生成するオブジェクトは、以下の通りです。

カテゴリ	オブジェクト名称	概　要
volume	db-volume	データボリューム
network	mysql-nw	ネットワーク

※コンテナオブジェクトについて、「rm-image」「rm-container」以外は、すべて「5-3
応用編）MySQL（＋pyMyAdmin）を構築する」と同じものです。
また、phpmyadminやWordPressで作った方も、特に消さずにそのままでかまいません.。

コンテナ間の相関図は、**図5-54**の通りです。

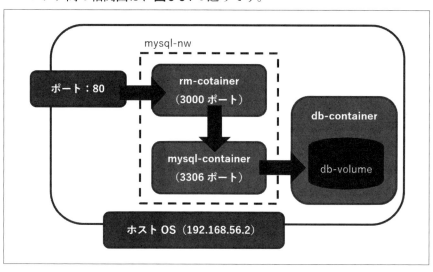

図5-54　MySQLとRedmineの構成イメージ

■ Redmineの構築

それでは、Redmineを構築していきましょう。

●操作の流れ
Redmineを構築するにあたって、少しポイントを確認します。

まず、今回もDockerfileを作ってイメージを作り、コンテナを作る流れとなるのは変わりません。

Docker Hub上の公式のRedmineのイメージ名は「**redmine**」です。

[1]環境変数

環境変数をセットする必要がありますが、こちらはphpmyadminやWord Pressと同様で、設定内容は、以下の通りです。

環境変数	説　明	今回の設定値
REDMINE_DB_MYSQL	Redmineが使用するmysqlサーバのコンテナ名	mysql-container
REDMINE_DB_SERNAME	Redmineが使用するmysqlアカウント名	root
REDMINE_DB_PASSWORD	REDMINE_DB_USERNAMEのパスワード	dbpass01

※「REDMINE_DB_USERNAME」「REDMINE_DB_PASSWORD」はmysqlサーバ側にセットしている設定値です。

●redmineデータベースを作る

Redmineを構築する際には、あらかじめmysqlサーバ上に「redmine」という名のデータベースを作る必要があります。
（WordPressの場合は自動作成されましたが、こちらは作っておかないとエラーとなってしまいます）。

これまでの手順でphpmyadminをインストールしているならば、phpmyadmin上からデータベース作成で「redmine」というデータベースを作っておいてください。
（p.197の図5-45の手順で、「test-db」を「redmine」に読み替えて作るだけです）

そうでない場合は、p.210の【コラム】を参考にして、「redmine」というデータベースを作ってください。

Column 手動でredmineデータベースを作る

　phpmyadmin をインストールしていない方は、手動で MySQL 上に
「redmine」データベースを作ってください。
　下記の流れで、「mysql-container」に入り、mysql サーバにログインします。
そこで、データベース作成の SQL を実行して、「redmine」データベース
を作ってください（**図5-A**）。

```
# docker exec -it mysql-container /bin/bash
# mysql -uroot -pdbpass01
mysql> CREATE DATABASE redmine;
```

```
root@ubuntu:~/mydatabase/wordpress# docker run --net=mysql-nw --name=wp-container -p
80:80 -d wp-image
f86ac0c6fcac960e89f93435defbc8346853de21c14d1a2490ca17f2eb106c5b
root@ubuntu:~/mydatabase/wordpress# docker exec -it mysql-container /bin/bash
root@42aa08b5482c:/# mysql -uroot -pdbpass01
mysql: [Warning] Using a password on the command line interface can be insecure.
Welcome to the MySQL monitor.  Commands end with ; or ¥g.
```

```
mysql> CREATE DATABASE redmine;
Query OK, 1 row affected (0.00 sec)

mysql>
```

図5-A　SQLコマンドでMySQL上にデータベースを作る
（mysqlコマンドは行末の「;」の付け忘れに注意してください。
「Query OK」のレスポンスが返ってくれば、問題ありません）

[2] ポート番号

　そして、次は、ポート番号です。

　redmine は、デフォルトで3000番ポートを使います。

　今回は、それに合わせてオプションは「-p 3000:3000」とします。

● Dockerfile を作る

　以上を踏まえて、Dockerfile を作ります。

　今回は、「/root/mydatabase/redmine」ディレクトリに「Dockerfile」を作ります。

【/root/mydatabase/redmine/Dockerfile】

```
#Redmineのイメージ取得
FROM redmine
#Redmineの環境変数の設定
ENV REDMINE_DB_MYSQL=mysql-container ¥
    REDMINE_DB_USERNAME=root ¥
    REDMINE_DB_PASSWORD=dbpass01
```

●イメージの作成

では、保存してイメージを作ります。

イメージ名は「**rm-image**」とします。

カレントディレクトリを「**/root/mydatabase/redmine/**」にして実行します
（図5-55）。

```
# cd /root/mydatabase/redmine
# docker build -t rm-image .
```

```
root@ubuntu:~/mydatabase/redmine# docker build -t rm-image .
Sending build context to Docker daemon 2.048 kB
Step 1/2 : FROM redmine
latest: Pulling from library/redmine
3d77ce4481b1: Already exists
d604685471af: Pull complete

0da2bf858eed: Pull complete
Digest: sha256:849193dfc8e32ed83f92bf43d4d58463c79fdb5e14a3744123b8fb39ffa4074e
Status: Downloaded newer image for redmine:latest
 ---> 8c78211c307c
Step 2/2 : ENV REDMINE_DB_MYSQL mysql-container REDMINE_DB_USERNAME root REDMINE_DB_P
ASSWORD dbpass01
 ---> Running in 64dee91e1377
 ---> fb927567d1db
Removing intermediate container 64dee91e1377
Successfully built fb927567d1db
root@ubuntu:~/mydatabase/redmine#
```

図5-55　環境変数を設定したrm-imageをDockerfileから作る

●コンテナの作成

出来たら、次は、コンテナを作ります。

先ほどのポイントを押さえて、以下の命令を実行してください（図5-56）。

```
# docker run --net=mysql-nw --name=rm-container -p
  3000:3000 -d rm-image
```

```
root@ubuntu:~/mydatabase/redmine# docker run --net=mysql-nw --name=rm-container -p 30
00:3000 -d rm-image
c20c40f784cd9736f039f3444d11257c99d81095cd63887d9c1b79f65322d02f
root@ubuntu:~/mydatabase/redmine#
```

図5-56　rm-imageからrm-containerを作る

●動作の確認

できたら、「docker ps」コマンドで、「mysql-container」と「rm-container」
が「Up」となっていることを確認してください（**図5-57**）。

「5-3　応用編）MySQL（＋phpMyAdmuin）を構築する」や「5-4　応用編）

WordPressを構築する」を実施している人は、phpMyAdminやWordPressのコンテナもUp状態となっていると思います。

　phpMyAdminやWordPressについては、ポート番号が異なるため同時に使えるのでUp状態で問題ありません）。

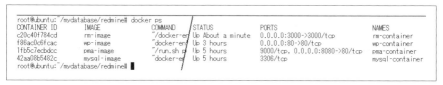

```
root@ubuntu:~/mydatabase/redmine# docker ps
CONTAINER ID    IMAGE         COMMAND         STATUS            PORTS                         NAMES
c20c40f784cd    rm-image      "/docker-en    Up About a minute  0.0.0.0:3000->3000/tcp       rm-container
f86ac0c6fcac    wp-image      "docker-en     Up 3 hours         0.0.0.0:80->80/tcp           wp-container
1fb5c7ecbdcc    pma-image     "/run.sh p     Up 5 hours         9000/tcp, 0.0.0.0:8080->80/tcp  pma-container
42aa08b5482c    mysql-image   "docker-en     Up 5 hours         3306/tcp                     mysql-container
root@ubuntu:~/mydatabase/redmine# ▊
```

図5-57　各コンテナの状態を確認する

　そしてブラウザで、「http://192.168.56.2:3000」にアクセスしてみましょう。

　Redmineのホーム画面が表示されたでしょうか（**図5-58**）。

図5-58　Redmineの起動画面

*

　なお、Redmineは、コンテナ生成時にはmysqlサーバ上の「redmine」データベースに、大量のテーブルやデータが書き込まれます。

　もし、phpmyadminを構築しているならば、それを使ってデータベースの中身を確認し、Redmineのデータが、正しいデータベースに書き込まれていることを、確認しておくといいでしょう（**図5-59**）。

図5-59　Redmine正常起動時に自動作成される
　　　　　オブジェクト類

　作ったRedmineは、初期状態では、ログインアカウントもない状態です。

　最初は、右上の**登録する**ボタンより、アカウント登録を行ないます。

第6章

Docker Composeを使ってみよう

「Docker Compose」（ドッカー・コンポーズ）とは、Docker
上のコンテナをまとめて操作できるツールです。

6章では、Docker Composeを使って、まとめてコンテナを扱
う方法を学んでいきます。

6-1 Docker Composeとは

Dockerコンテナとして構成した、多数のアプリケーション・コンテナを扱
うようになると、サーバの台数は増えます。

さらに、サーバの管理面で言うと、連携するシステム間の管理は、より複
雑化します。

そうなると、メンテナンスや故障障害などで、サーバを停止する事態が生
じたときに、サーバの再起動後に行なう各コンテナの起動も、非常に大変で
す。

今まで学んでいた知識だけで対応するとなると、起動順を意識しながら、
コンテナを1台1台手動で起動していかなければなりません。

また、停電だけならまだしも、システムがクラッシュして再構築となった
場合には、想像を絶する労力がかかります。

最悪、構築を担当していたチームが解散していたら、復元すらままならな
いこともあり得ます。

「Docker Compose」とは、このようなコンテナが増えることによる管理者
の負担を軽減するために、"事前に定義ファイルを作り、コンテナをまとめ
て操作するための機能"です。

■コンテナ管理の負担を減らすDocker Compose

　ここまでの学習で、すでに複数のコンテナを作って動かす、というのは行なっています。

　しかし、コンテナ一つ一つを「docker run」で起動して構築するのは、起動順番を考慮したり、オプションなどを使い分けたりしなければならず、コンテナの数が増えるほど、その負担が大きくなります。

　このような負担を軽減するためのツールが、「**Docker Compose**」です。

　Docker Composeでは「**docker-compose.yml**」という定義ファイルを用いて、複数のコンテナの起動を、"1ファイル"で行ないます。

　コンテナの停止や削除も、1回の命令で全コンテナに対して行なうことなどができます。

　もう少し具体的に説明すると、**5章**で学習したDockerfileのように、あらかじめ処理させたい内容を定義ファイルに書き、それをDocker Composeに読み込ませることで、自動処理ができる、ということです。

■Dockerfileとの違い

　Dockerfileでは、Docker Hubからイメージを取得し、設定を反映させて、新たなイメージを作るだけです。

　一方、Docker Composeでは、イメージを取得し、コンテナを実行するところまで行なえます。

　また、Dockerfileでは、"1ファイルにつき1つのイメージを作る"だけですが、Docker Composeでは、"1ファイルでDocker Hubからのイメージの取得と、コンテナの生成や実行を、複数、同時に行なう"ことができます。

　この章では、Docker Composeの使い方を覚えるため、これまで本書で作ってきたコンテナをピックアップし、Docker Composeで再度、作ってみます。

　また、この章ではコンテナの内容についての説明はしないので、不明点が出てきた場合は、**5章**の「コンテナ作成の流れ」を読み返してください。

Column ▌ **Docker と Docker Compose**

　Dockerfile は Docker の機能の一部ですが、Docker Compose は Docker 自身の機能ではなく、別途インストールする、拡張機能ツールです。

　そのため、狭義には、Docker Compose と Docker は別であるとされています。

　また、docker-compose.yml のコマンド命令も、Dockerfile のコマンド命令と同一機能でも、記述方法が異なる、などの違いがあったりします。

　その一方で、Docker 側の定義ファイルである、Dockerfile を Docker Compose 上で読み込んでコンテナを作ることができたり、Docker Compose 側で生成したコンテナを Docker 側のコマンドで操作できたりします。

＊

　以上のように、**Docker** と **Docker Compose** は相互に高い親和性をもち、利便性も高いことから、広義では、Docker と同列に説明されることが多いです。

6-2　Docker Compose のインストールと使い方

さっそく、Docker Compose を使ってみましょう。
この節では、以下の操作を行ないます。

①Docker Compose のインストール
②ubuntu のイメージを取得し、オプションなどのない単純なコンテナを作る、という処理を「docker-compose.yml」に記述して実行することで、まずは、最低限の処理の流れを覚える
③先の②のファイルを修正し、「/bin/bash」オプションをつけた「docker-compose.yml」を作り、Docker Compose の流れをさらに覚える

　上記の流れで作るコンテナは、**2章の「2-3 Docker のイメージについて学ぶ」**〜「**2-4 Docker の Ubuntu イメージからコンテナを作る**」で行なったものなので、特に問題はないと思います。

　それを Docker Compose で行なうことで、Docker Compose の理解につなげます。

■ Docker Compose のインストール

まずは、Docker Compose をインストールします。

Docker Compose は、ホスト OS となる Linux サーバ上にインストールして使います。

> ※ Docker Desktop for Windows では、Compose は標準でインストールされているので、本インストール操作は必要ありません。

インストールは、root 権限で行ないます。

*

ホスト OS 上で、以下のコマンドを実行してください(**図6-1**)。

```
# apt install docker-compose
```

インストールができたら、次へ進みます。

```
root@ubuntu:~# apt install docker-compose
パッケージリストを読み込んでいます... 完了
依存関係ツリーを作成しています
```

```
docker-compose (1.8.0-2~16.04.1) を展開しています...
man-db (2.7.5-1) のトリガを処理しています ...
docker-compose (1.8.0-2~16.04.1) を設定しています ...
root@ubuntu:~# █
```

図6-1　docker-composeのインストール

(紙面の関係上、上記画面は一部中略しています)。

■ Docker Compose を動かしてみる

続いては、Docker Compose を使って、単純なコンテナを作ってみます。

Docker Compose では、「docker-compose.yml」という定義ファイル (この拡張子 yml のファイルを「**YAML (ヤムル) ファイル**」と呼びます) を作り、その中にコンテナの構成情報を書きます。

ファイルを使ってイメージを作る、というのは Dockerfile で学びましたが、Docker Compose では、イメージからコンテナ作成までを"1 ファイルに記述"して作ります。

●ディレクトリの構造

まずは、ubuntu のイメージを取得し、そこからコンテナを作るまでを、
Docker Compose で行なってみます。

今回は、テスト用のディレクトリとして、ホームディレクトリに「compo
se-6-2」というディレクトリを作り、その中に「docker-compose.yml」を作る
流れとします。

```
/root
 └/compose-6-2
    └/docker-compose.yml
```

● docker-compose.yml ファイルを書く

では、「compose-6-2」ディレクトリを作り、その中に vi コマンドで、「docker-
compose.yml」というファイルを作ってください。

```
# cd /root/compose-6-2
# vi docker-compose.yml
```

オプションを使うことで、docker-compose.yml 以外のファイル名にすることもでき
ますが、Dockerfile と同様に、原則、このファイル名を使ってください。

*

作ったら、内容を書いていきます。

リスト 6-1 の内容を入力してください。

リスト6-1　/root/compose-6-2/docker-compose.yml

```
version: "2"
services:
  ub-test:
    image: ubuntu
```

Column　タブやスペースなどの、インデントに注意

　YAMLファイルは、半角スペースによるインデントで、ブロック(命令の範囲)を識別しているので、各行の先頭のスペース個数に注意してください。
　特に記述上、「半角スペース」と「全角スペース」「タブ」などを混在させることによる「ブロック・エラー」、はありがちなので、気をつけましょう。

　インデントによるブロック範囲については、「半角スペース1個で1インデント」とする場合と、「半角スペース2個で1インデント」とする形式がありますが、本書では、「半角スペース2個で1インデント」を行なっています。

＊

[1] バージョン指定

　1行目に書くのは、「docker-compose.yml」のバージョンです。
　記載がない場合は、「version: "1"」が使われますが、こちらは“古い”バージョンです。

　ボリュームやネットワークをサポートしていないため、基本的に「docker-compose.yml」では「バージョン1」は使わず、「バージョン2」を使います。

　バージョン指定は、「version: "2"」という書き方で行ないます(図6-2)。

```
version: "2"
```

192.168.56.2 - root@ubuntu: ~ VT
ファイル(F)　編集(E)　設定(S)　コントロール
version: "2"

図6-2　docker-compose.ymlに書く、1行目の内容

　「YAMLファイル」の記述についての注意事項ですが、「:」の後ろは、半角スペースを空けてください。
　また、書き出しの位置も重要で、「version」は“行の1文字目”から書きます。

[2] servicesブロック

　続いて2行目に書くのは、サービスを定義するブロック、「services:」です。

```
version: "2"
services:
```

この行はこれだけですが、この行を書くことによって、次からコンテナ定義を行なうブロックになります。

ここも、行の先頭は"1文字目"から書きます（図6-3）。

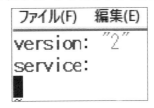

図6-3　docker-compose.ymlに書く、2行目の内容

[3]コンテナ名
3行目は、コンテナ名です。

今回はubuntuコンテナの作成テストなので、ここでは「ub-test」という名前にします。

他のコンテナからコンテナ名を指定するときには、この値を使います。

なお、実際に作られるコンテナ名は「**YAMLのディレクトリ名_コンテナ名_連番**」となります。

> ※ディレクトリ名に、ハイフンなどの記号が含まれると、記号が省略されます。この部分は補足として、次のコラムに少し説明を記載します。

　　　　　　　　　　　　　＊

「docker-compose.yml」の3行目には、「ub-test:」と書きます。

ここは、「servicesブロック」の中身となるので、先頭に"2マス"の「半角スペース」を入れて、書き始めます（図6-4）。

```
version: "2"
services:
  ub-test:
```

```
ファイル(F)　編集(E)
version: "2"
service:
  ub-test:
```

図6-4　先頭のスペース数（半角スペース2個）に注意して、3行目を書く

Column　Docker Compose上のコンテナ名称

　少々、分かりにくいので補足します。

　少し話が戻りますが、5章の「5-3　応用編) MySQL (+phpMyAdmin)を構築する」で扱ったデータベースアプリケーションでは、アプリケーション・コンテナ (pma-container) を稼働させる際に、他のコンテナ (mysql-container) を指定する必要がありました。

　このアプリケーションのように、自身を起動するため、連携する他のコンテナを指定する必要があるコンテナがあります。

　Docker Compose では、"1ファイルで複数のコンテナを定義し、動作させる"ことができます。

　しかし、その過程で、この例のように、"あるコンテナが他のコンテナを指定する必要がある"ものがあります。

　同じ「docker-compose.yml」内にある、他のコンテナを指定する場合は、ここで指定した名前——ここでの例であればub-testを指定します。

　しかし、Docker Composeでコンテナを作ったあと、docker ps でコンテナ名を確認すると、「compose-6-2_ub-test_連番」（たとえば「compose-6-2_ub-test_1」など）となっています。

　つまり、Docker上では、「ub-test」ではなく「compose-6-2_ub-test_連番」となっている点に注意してください。

　Docker Composeで作ったものは、Dockerでも概ね同じように扱えますが、コンテナ名称のように、Docker上で操作する場合とDocker Compose上で操作する場合には、違いがあることもあります。

[4]コンテナの中身の定義

ここからは、ub-testコンテナの中身を作ります。

ub-testコンテナの中身の定義なので、インデント（半角2マス、計4マス）を入れて、内部のブロックとして書きます。

（ブロックの中にブロックを入れることを、ネストとか入れ子と呼んだりすることもあります）。

＊

まずは、イメージの取得になるので、4行目は、「image: ubuntu」と書きます。具体的には、「image:(半角スペース)イメージ名[:タグ名]」と記述します（図6-5）。

```
ファイル(F)  編集(E)  設定(S)
version: "2"
service:
  ub-test:
    image: ubuntu
```

図6-5 スペースに注意して、4行目を書く

```
version: "2"
services:
  ub-test:
    image: ubuntu
```
※imageの:後の半角スペース入れ忘れに注意

以上で、「docker-compose.yml」ファイルの編集は終わりです。

書けたら、保存してください。

●Docker Composeで起動する

保存後、カレントディレクトリを「docker-compose.yml」のある「/root/compose-6-2」に移動し、以下のコマンドを実行します。

図6-6のように表示されれば、正常です。

```
# cd /root/compose-6-2
# docker-compose up
```

```
root@ubuntu:~/compose-6-2# docker-compose up
Creating network "compose62_default" with the default driver
Creating compose62_ub-test_1
Attaching to compose62_ub-test_1
compose62_ub-test_1 exited with code 0
root@ubuntu:~/compose-6-2# ▮
```

図6-6　カレントディレクトリに注意して、docker-composeを起動する

(Column)　**エラーが表示されたときは**

　エラーが表示された場合には、「**docker-compose logs**」などでエラー原因を調査して、解消しましょう。

　たとえば「services」を「service」と書き間違えた際には、**図6-A**のように、最後の行に『「'service'」という想定外の単語がある』というメッセージが表示されます。

```
root@ubuntu:~/compose-6-2# docker-compose logs
ERROR: The Compose file './docker-compose.yml' is invalid because:
Additional properties are not allowed ('service' was unexpected)
```

図6-A　スペルミスによるdocker-composeのエラーメッセージ

　今回はubuntuのイメージを取得し、特に何も命令のないコンテナを生成しただけなので、コンテナはすぐに終了します。

　しかし、「docker ps -a」で作られたコンテナの「compose62_ub-test_1」の存在が確認できます（図6-7）。

```
root@ubuntu:~/compose-6-2# docker ps -a
CONTAINER ID    IMAGE                 STATUS                      NAMES
62b72236ce9e    ubuntu                Exited (0) 7 minutes ago    compose62_ub-test_1
```

図6-7　docker-composeによって作られたコンテナの確認

　また、通常のDockerで作ったものは表示されませんが、Docker Composeで作られたコンテナについては、「docker-compose ps」コマンド（「-a」は不要です）で確認することもできます（図6-8）。

```
#docker-compose ps
```

```
root@ubuntu:~/compose-6-2# docker-compose ps
          Name          Command      State   Ports
--------------------------------------------------
compose62_ub-test_1   /bin/bash     Exit 0
root@ubuntu:~/compose-6-2# █
```

図6-8　docker-compose ps コマンドによるコンテナ確認

■ Docker Compose で /bin/bash コンテナを作ってみる

では続いて、これを基に ubuntu の「/bin/bash」コンテナを作ってみます。

●コンテナ起動時に指定したコマンドを、実行させる命令

基本的には、先ほどの yml ファイルに、docker run でいう「-it」オプションと /bin/bash コマンドをつけるだけです。

「-it」オプションに相当する命令として、「tty:true」と「stdin_open:true」を指定します。

また、起動時に「/bin/bash」をつけるには、「command:」という命令を使います。これは、Dockerfile でいう CMD コマンドと同じです。

なお、コメントとして、Dockerfile と同様に「#」が使えるので、こちらも使ってみましょう。

「docker-compose.yml」を、リスト6-2 のように修正してください（図6-9）。

図6-9　リスト6-2を入力したところ

```
ファイル(F)  編集(E)  設定(S)  コント[
version: "2"
services:
  #ub-testコンテナの作成
  ub-test:
    image: ubuntu

    #-it部分の設定
    tty: true
    stdin_open: true

    #/bin/bash部分の設定
    command: /bin/bash
█
```

リスト6-2　対話のための機能と、command命令を追加した docker-compose.yml

```
version: "2"
services:
  #ub-testコンテナの作成
  ub-test:
    image: ubuntu

    #-it部分の設定
```

```
  tty: true
  stdin_open: true

  #/bin/bash部分の設定
  command: /bin/bash
```

● Docker Composeで実行する

　書けたら、こちらを実行しますが、こんどは「docker-compose up」ではなく、「docker-compose run コンテナ名」を使います。

　この2つの違いですが、前者は"docker-composeに書かれた全体のサービスを起動する"のに対し、後者は"特定のコンテナを起動"します。

　今回は、「-it」オプションに相当する、標準入出力を使いますが、このような特定のコンテナを操作する場合、全体の「docker-compose up」ではなく、「docker-compose run ub-test」とします。

```
#docker-compose run ub-test
```

　実行すると、プロンプトが「root@[コンテナID]」に変わるので、ubuntuの「/bin/bash」コンテナが出来たことが分かります（図6-10）。

　今回は、作成が目的なので、確認できたらexitと入力し、コンテナを終了してください。

```
root@ubuntu:~/compose-6-2# docker-compose run ub-test
root@e3a34d082216:/# █
```
図6-10　docker-composeで対話型(/bin/bash)コンテナを起動する

6-3 | **Docker Composeの練習**

「6-2　Docker Composeのインストールと使い方」で、「docker-compose.yml」ファイルの記述の仕方と、おおよその動作の流れは理解できたと思います。

ここでは、第5章で作ったコンテナをDocker Composeにすることで、さらに練習していきます。

以下の練習は、基本的に、第5章のものと同じ構成、同じ動作をするものを「docker-compose.yml」で書き直したものになります。
この章では、第5章と同じ動作をするコマンドの説明は簡略化しているので、操作しているコマンドの意味を確認したい場合は、第5章のコンテナ作成を参照してください。

■Apacheをdocker-composeでbuildする

ここでは、「5-1　apacheをDockerfileでビルドしてみる」で行なったのと同じものを、docker-composeのみで構築していきます。
●操作の流れ
構築の概要ですが、ここでは、ApacheコンテナによるWebサーバ部分と、Apacheのアクセス・ログを永続的に残すためのデータボリューム・コンテナを作り、Apacheへのアクセス・ログを残す環境を構築します。

ここでは、「5-1　apacheをDockerfileでビルドしてみる」と同様に、
①一度、使い捨ての「httpd.conf」を取り出して、ログ出力するために編集した「httpd.conf」をコンテナに送付
②動作確認用に、「index.html」を作って、「DocumentRoot」ディレクトリに送る
という操作も行ないます。

＊

以下では、「/root/compose-6-3-1」ディレクトリを作り、その中に「docker-compose.yml」を設置していきます。

しかし、まだ、ymlファイルに慣れていないと思うので、2段階に分けて

作っていきましょう。

[1] 最初の段階として、Apacheに「index.html」と「httpd.conf」を反映させる
ところまでを「docker-compose.yml」に書き、そこで一度、動作チェック
をしましょう。

[2] そして、問題がなければ、次の段階としてデータボリューム・コンテナ
の部分を追記して、完成させていきます。

●httpd.confを取り出して編集する

まずは、ホストOS側（Linuxサーバ側）の「/root/compose-6-3-1」ディレク
トリに、コンテナの「/tmp」ディレクトリをマウントした、httpdコンテナを
作ります（図6-11）。

```
# docker run --rm -v /root/compose-6-3-1/:/tmp/ -it httpd /
bin/bash
```

> ※上記は"一行"で書き表わします。

ホストOS側に、「/root/compose-6-3-1」ディレクトリが作られていない場
合には、このコマンドによって、自動的に作られます。

```
root@ubuntu:~# docker run --rm -v /root/compose-6-3-1/:/tmp/ -it httpd /bin/bash
root@0192acb08921:/usr/local/apache2# []
```

図6-11　httpd.confを取り出す準備

続いて、コンテナ内のbashで、cpコマンドを使って、デフォルトの「httpd.
conf」ファイルを、マウントディレクトリであるコンテナの「/tmp」ディレク
トリにコピーすることで、ホストOSの「compose-6-3-1」ディレクトリに、取
り出します（図6-12）。

```
#cp /usr/local/apache2/conf/httpd.conf /tmp/
```
```
root@0192acb08921:/usr/local/apache2# cp /usr/local/apache2/conf/httpd.conf /tmp/
root@0192acb08921:/usr/local/apache2# █
```

図6-12　httpd.confをホストOSの/root/compose-6-3-1に取り出す

コンテナから「exit」し、ホストOSの「/root/compose-6-3-1」ディレクトリに「httpd.conf」ファイルが出力されていることを確認します。(また、カレントディレクトリが「compose-6-3-1」ディレクトリになっていなかったら、**「cd /root/compose-6-3-1」**と入力し、ついでに移動しておいてください)。

*

確認できたら、ログ出力を有効にするために、この「httpd.conf」をviエディタで開き、「#CustomLog "logs/access_log" combined」という行を探し、頭の「#」を取って保存します(**図6-13**)。

```
#  (Combined Logfile Format) you can use
#
CustomLog "logs/access_log" combined
</IfModule>
```

図6-13　Apacheのログ出力を有効にするための設定

*

以上で、ホストOS側の「/root/compose-6-3-1」ディレクトリに修正された「httpd.conf」が用意できました。

●確認用のindex.htmlを作る

続いて、確認用の「index.html」も「compose-6-3-1」ディレクトリに作ります。

こちらは、これまでやってきたように、「Hello World!」と書かれただけの「html」ファイルを作ります。

```
# echo "Hello World!" > index.html
```

●docker-compose.ymlファイルを作る

ファイルが出来たら、「docker-compose.yml」を作っていきます(リスト6-3)。

リスト6-3　/root/compose-6-3/docker-compose.yml

```
version: "2"
services:
  #コンテナ名の設定
  web-container:
    #イメージ取得
    image: httpd
```

```
#ローカルのファイルをコンテナにマウント
volumes:
  - ./index.html:/usr/local/apache2/htdocs/index.html
  - ./httpd.conf:/usr/local/apache2/conf/httpd.conf
#-pに相当する部分
ports:
  - 80:80
#EXPOSEに相当する部分
expose:
  - 80
```

＊

①バージョンサービスコンテナ名イメージ名の設定

「yml」ファイルの書き出しは、今までと同じく「version: "2"」と「services:」
です。

そして、3行目にコンテナ名を記述しますが、今回は「web-container」とし
ます。4行目は、イメージの指定で、公式Apacheの「httpd」を使います。

```
version: "2"
services:
  web-container:
    image: httpd
```

②ファイルのマウント

Docker Composeの「yml」でのコマンドには、ファイルをコピーする命令
がありません。

そこで、ここではディレクトリ同士のマウントではなく、ローカルにある
「index.html」と「httpd.conf」を、「httpd」コンテナの各ファイルを"ファイル単
位でマウントさせる形"で対応します。

マウントの命令は、「volumes:」です。
「volumes」のように、複数の設定値を設定できるものは、次の行に「△△-
△」（△は半角スペース）という書き出しとともに、設定値を複数記載します
（図6-14）。

```
~中略~
    image: httpd
```

```
volumes:
    - ./index.html:/usr/local/apache2/htdocs/index.html
    - ./httpd.conf:/usr/local/apache2/conf/httpd.conf
```

```
image: httpd
volumes:
    - ./index.html:/usr/lo
```

図6-14　設定値を複数設定できる項目の、2行目以降の書き出し

※半角スペースの入れ方に注意。

③ポートの設定

ポート設定として、docker run の「-p」に相当する「**ports:**」と、「Dockerfile」での「EXPOSE」に相当する「**expose:**」を記載します。

```
~中略~
    volumes:
        ~中略~
    ports:
        - 80:80
    expose:
        - 80
```

● Docker Compose で起動する

それでは、「docker-compose」で起動します。

まずは、カレントディレクトリが「**/root/ compose-6-3-1/**」となっていることを確認します。

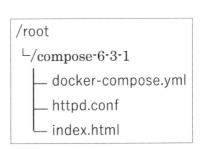

```
/root
└/compose-6-3-1
        ├── docker-compose.yml
        ├── httpd.conf
        └── index.html
```

そこに、保存されているファイルが、上のようになっていることを確認して、docker-compose で起動します。

＊

今回は Web サーバなので、バック・グラウンドで起動します。

そのため、「docker run」と同じく、「-d」をつけて実行します（**図6-15**）。

```
# docker-compose up -d
```

```
root@ubuntu:~/compose-6-3-1# docker-compose up -d
Creating compose631_web-container_1
root@ubuntu:~/compose-6-3-1#
```

図6-15　docker-composeをバック・グラウンドで起動する

●ブラウザで確認する

　起動できたら、ブラウザで「192.168.56.2」にアクセスして、「index.html」の反映を確認してみましょう。

　マウントされた「index.html」である、「Hello World!」が表示されていれば、正常です（図6-16）。

図6-16　docker-composeでの、Apache動作確認

●ログを確認する

　確認できたら、次に、ログを確認します。

＊

　docker runのときには、"docker execを使って、起動中のコンテナに入ることができる"、と書きましたが、同じようなコマンドがdocker-composeにもあります。

　こちらも書き方は似ていますが、こちらには「-it」オプションは不要です（図6-17）。

```
# docker-compose exec web-container /bin/bash
```

```
root@ubuntu:~/compose-6-3-1# docker-compose exec web-container /bin/bash
root@6a484bd04e9c:/usr/local/apache2#
```

図6-17　起動中のコンテナにdocker-composeのコマンドで入る

　これで、コンテナにbashで入ることができました。

Column **docker-compose exec と docker exec での入り方の違い**

　このコンテナは、Docker Compose で作られたものですが、以前に使った Docker 側のコマンドである、docker exec でも確認できます。

　docker exec でコンテナに入る場合は、

```
# docker exec -it compose631_web-container_1 /bin/bash
```

とします。

　-it オプションが付く点と、コンテナ名に「compose631」および「枝番(えだばん)」の付いたものを入力する点に注意しましょう。

＊

　コンテナの中に入ったら、ログ出力ディレクトリ「/usr/local/apache2/logs/」の下に「access_log」が存在し、ログが出力されていることを確認します。

　これにより、「httpd.conf」が機能していることが分かります(図6-18)。

```
# more /usr/local/apache2/logs/access_log
```

```
root@6a484bd04e9c:/usr/local/apache2# more /usr/local/apache2/logs/access_log
192.168.56.1 - - [17/Jun/2018:01:54:47 +0000] "GET / HTTP/1.1" 200 13 "-" "Mozilla/
5.0 (Windows NT 10.0; WOW64; Trident/7.0; rv:11.0) like Gecko"
root@6a484bd04e9c:/usr/local/apache2# █
```

図6-18　access_logの確認

＊

※なお、ログの見方を簡単に説明すると、先ほど確認した際のブラウザ側(Windows側)のIPアドレスである、192.168.56.1と日時が記録されているのが分かります。
　アクセス時刻は世界標準時(UTC)であるため、日本時間(JST)より"9時間引いた時刻"が記録される点に注意してください。

●データボリューム・コンテナを作るための設定を追加する

ここまでが、第1段階のApacheコンテナの作成部分になります。

次は、引き続きデータボリューム・コンテナの部分を作っていきます。

・既存のコンテナを停止する

次の作業に入る前に、今、作ったコンテナを停止し、削除しておきます。

コンテナの停止は、docker run と同じく「stop」、削除は「rm」です（図6-19）。

```
# docker-compose stop
# docker-compose rm
```

```
root@ubuntu:~/compose-6-3-1# docker-compose stop
Stopping compose631_web-container_1 ... done
root@ubuntu:~/compose-6-3-1# docker-compose rm
Going to remove compose631_web-container_1
Are you sure? [yN] y
Removing compose631_web-container_1 ... done
root@ubuntu:~/compose-6-3-1#
```

図6-19　docker-composeによるコンテナの停止や削除

Column 「docker-compose.yml」の編集に注意

docker-composeコマンドでは、停止や削除する対象（コンテナ等）を指定していませんが、対象の情報は、カレントディレクトリ内のdocker-compose.ymlから得ています。

そのため、コンテナ稼働中にdocker-compose.yml内のコンテナ名称を変更して保存するなど、起動時と状態が変わると、正しく処理できなくなる恐れがあります。

原則、Docker Composeで作ったコンテナの起動中は、そのdocker-compose.ymlの編集をしないようにしてください。
また、docker-composeコマンドでのコンテナの停止や削除は、"カレントディレクトリのファイルを参照する"という理由から、必ず停止対象のカレントディレクトリとなっているかを、確認してください。

・データボリューム・コンテナを作る設定を追加する

　続いて、データボリューム・コンテナを作る設定を追加します。

　ここでは、データボリュームとして「**log-volume**」を作り、データボリューム・コンテナは、イメージにbusyboxを使って、「**log-container**」という名称にします。

　そして、「log-container」を「web-container」で使えるようにします。

＊

　では、先ほどの「docker-compose.yml」を開き、最後の行から、次のように修正してください（図6-20）。

　追加した箇所は、「web-container」の部分と、「log-container」の部分に分かれます。

```
~中略~
  web-container:
      ～中略～
    expose:
     - 80
    volumes_from:
     - log-container
  log-container:
    image: busybox
```

```
services:
  web-container:

    expose:
     - 80
    volumes_from:
     - log-container
  log-container:
    image: busybox
```

図6-20　log-containerの記述

※各行の先頭の位置に注意すること

①「web-container」に関するブロック

「web-container」のブロックでは、次の②で作る「log-container」のブロックで作る、log-container コンテナを使えるようにします。

第5章で説明した「docker run」の「--volumes-from=log-container」というオプションに相当するものです。

＊

「yml」では「volumes_from:」を使い、その下にコンテナ名を列記します。

今回は、データボリューム・コンテナとして「log-container」のみを記載します。

```
~中略~
    expose:
      - 80
    volumes_from:
      - log-container
```

②「log-container」に関するブロック

「log-container」を作るための指定です。

記述位置は、先ほどの「コンテナ名 web-container」と同じ、半角スペース2文字空けた位置に「コンテナ名 log-container:」と書きます。

＊

続いて、イメージ名を書きます。

今回は、busybox を使っているので、「image: busybox」と書きます。

```
~中略~
  log-container:
    image: busybox
    volumes:
      - log-volume:/usr/local/apache2/logs/
```

この busybox も、「docker run」では「-v データボリューム名：マウントパス」という書き方をしていましたが、docker-compose でも同様です。

ボリュームのマウントである、「-v」オプションに相当するコマンドは、「volumes:」

です(先の、「volumes_from:」と混同しないように、注意してください)。

そして、マウントパスとして、httpdのログパスである「/usr/local/apache2/logs」を指定します。

・データボリュームを作る設定を追加する
データ・コンテナの定義が終わったので、次に、データボリュームの定義が必要です。

つまり、「docker volume create データボリューム名」に相当するものが必要になるので、これから記述します。
その記述は、リスト6-4のようになります。

最後にある「volumes:」が、追加した部分です。

リスト6-4 データボリュームを作るようにした「docker-compose.yml」

```
version: "2"
services:
  #apacheコンテナ名
  web-container:
    image: httpd
    #ローカルのファイルをコンテナにマウント
    volumes:
      - ./index.html:/usr/local/apache2/htdocs/index.html
      - ./httpd.conf:/usr/local/apache2/conf/httpd.conf
    #-pとEXPOSEに相当する部分
    ports:
      - 80:80
    expose:
      - 80
    #ログコンテナにマウント
    volumes_from:
      - log-container
  #ログコンテナ名
  log-container:
    image: busybox
    #データボリュームをディレクトリにマウント
    volumes:
      - log-volume:/usr/local/apache2/logs/
```

```
#データボリュームの作成
volumes:
  #データボリューム名
  log-volume:
```

　コンテナを作るときは、「services:」ブロックを作り、そのブロック内に「コンテナ名:」を記述して、作りました。

　データボリュームを作る場合も、それと似たように、「volumes:」ブロックを作り、そのブロック内に「データボリューム名:」を記述して作ります。

　記述位置は、serviceと同じく行の先頭にvolumes:を、データボリューム名「log-volume」が一段落（半角スペース2個）空けた位置からになります。

　つまり、

```
version: "2"
services:
~中略~
  log-container:
    image: busybox
    volumes:
      - log-volume:/usr/local/apache2/logs/
volumes:
  log-volume:
```

という位置関係になります。

> 　なお、改めて確認すると、「volumes:」は**(a)**コンテナ・ブロックの内部に書くものと、**(b)**servicesブロックと並列に書くものあることが分かります。
>
> **(a)**コンテナ内に書くものは、コンテナ内のディレクトリをマウントする、docker runの「-v」オプションに相当するもの
> **(b)**「services:」と並列に書いたものは、docker volume createコマンドに相当するもの
> である点に留意します。

●**起動する**

「docker-compose.yml」が出来たところで、起動してみましょう（**図6-21**）。

```
# docker-compose up -d
```

```
root@ubuntu:~/compose-6-3-1# docker-compose up -d
Creating compose-6-3-1_log-container_1 ... done
Recreating compose-6-3-1_web-container_1 ... done
root@ubuntu:~/compose-6-3-1#
```

図6-21　2つのコンテナをdocker-composeで同時に作成・起動する

●**動作やログを確認する**

起動できたら、ブラウザで「192.168.56.2」にアクセスし、前回と同じく「Hello World!」ページが見えることを確認します。

＊

続いて、ログの出力を確認します。

ここでは、**第5章**で行なったログ確認と同じく、docker run でデータボリューム・コンテナに接続する**ubuntu**の**コンテナ**を作って、そこから**ログ**を確認します。

＊

まずは、ログのコンテナ名を確認します。

docker-compose外から見るコンテナ名については、ディレクトリ名と枝番がついているので、一度「docker ps -a」で確認し、「**compose-6-3-1_log-container_1**」というのがあることを確認します（**図6-22**）。

```
CONTAINER ID   IMAGE     STATUS                    NAMES
5648f564b02a   httpd     Up 11 minutes             compose-6-3-1_web-container_1
f3d88715f915   busybox   Exited (0) 11 minutes ago compose-6-3-1_log-container_1
```

図6-22　コンテナの確認

その上で、下記のコマンドを実行し、**確認用のコンテナ**を作ります。

```
# docker run --volumes-from=compose-6-3-1_log-container_1 --rm
 -it ubuntu /bin/bash
```

※上記は、"**一行**"で記述します。

そして、bash上から /usr/local/apache2/logs/ の access_log を参照（more /usr/local/apache2/logs/access_log）し、ログが記録されていることを確認してください（図6-23）。

```
root@ubuntu:~/compose-6-3-1# docker run --volumes-from=compose-6-3-1_log-container_1 --rm
-it ubuntu /bin/bash
root@d0fc96b7f77f:/# more /usr/local/apache2/logs/access_log
192.168.56.1 - - [14/Feb/2021:07:47:35 +0000] "GET / HTTP/1.1" 200 13 "-" "Mozilla/5.0 (Wi
ndows NT 10.0; Win64; x64) AppleWebKit/537.36 (KHTML, like Gecko) Chrome/88.0.4324.150 Saf
ari/537.36"
root@d0fc96b7f77f:/# 
```

図6-23　ログの出力確認

＊

ログが確認できたら、次の学習に移る前に、コンテナを停止しておいてください。

```
# docker-compose stop
```

■ nginxをリバースプロキシにしたApacheを、docker-composeで構築する

ここでは、「5-2　nginxをリバースプロキシにしたApacheの構築」で行なった、nginxをリバースプロキシにしたApacheを、docker-composeで構築します。

Docker Composeでは、ここまで学んできたように、単体でイメージの取得から、コンテナ構築までできますが、Dockerfileを使って、構築をすることも可能です。

今回は、「5-2　nginxをリバースプロキシにしたApacheの構築」で使ったDockerfileを使い、Dockerfileを使ったDocker Composeを学習します。

●必要なファイル

ここでは、以下のファイルを使います。

①nginx
・Dockerfile
・default.conf（proxy_pass を追記した nginx の default.conf）

②Apache
・Dockerfile
・index.html（確認用の Hello World! の index.html）

いずれも、「5-2　nginx をリバースプロキシにした Apache の構築」で使っ
たものと、まったく同じものです。

●ディレクトリの構成

まずは、「/root/compose-6-3-2」ディレクトリを作ります。

*

続いて、必要なファイルを用意します。

次のように、「5-2　nginx をリバースプロキシにした Apache の構築」で作っ
たものを、そのままコピーしてください。

```
# mkdir /root/compose-6-3-2
# cp -r /root/rproxy/ /root/web/  /root/compose-6-3-2/
```

ディレクトリ構造も、親ディレクトリとして、「compose-6-3-2」が挿入され
ている以外は、「5-2　nginx をリバースプロキシにした Apache の構築」と違
いはありません。

これらのファイルを、以下のように配置します。

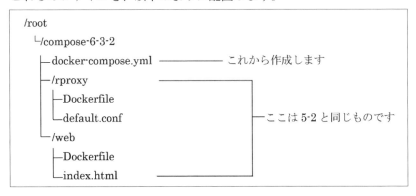

```
/root
  └/compose-6-3-2
      ├docker-compose.yml ──────── これから作成します
      ├/rproxy
      │  ├Dockerfile
      │  └default.conf
      │                         ├── ここは5-2と同じものです
      └/web
         ├Dockerfile
         └index.html
```

● docker-compose.ymlファイルを作る

続いて、「docker-compose.yml」を作ります。

「/root/compose-6-3-2」ディレクトリに「docker-compose.yml」を新規作成したあと編集していきますが、今回はDocker Hubからイメージを取得するのではなく、Dockerfileを使ってコンテナを作ります。

この場合、今まで「image: イメージ名」としていた部分を、「**build: Dockerfile のあるディレクトリパス**」に変更します。

このDockerfileのあるディレクトリパスは、「docker-compose.yml」からの相対パスになりますので、nginxの場合は「**build: ./rproxy**」を指定します。

Apacheの場合は、「**build: ./web**」です。

＊

また、外部からのアクセスを受け付けるための設定も必要です。

nginxの場合は、外部からのアクセスを受け付けるために、「docker run」の「-p」オプションに相当する、「**ports:**」の設定をします。

Apacheのほうは、特に外部からのアクセスは受けないため、「ports:」の設定は不要です。

＊

以上をもとに「docker-compose.yml」を書くと、**リスト6-5**のようになります。

リスト6-5　/root/compose-6-3-2/ docker-compose.yml

```
version: "2"
services:
  #nginxのコンテナ
  rproxy-container:
    build: ./rproxy
    ports:
    - 80:80

  #Apacheのコンテナ
  web-container:
    build: ./web
```

●Docker Composeで起動する

では、「docker-compose.yml」を実行します。

カレントディレクトリは、「/root/compose-6-3-2」とします(図6-24)。

```
# cd /root/compose-6-3-2
# docker-compose up -d
```

```
root@ubuntu:~/compose-6-3-2# docker-compose up -d
Creating compose632_rproxy-container_1
Creating compose632_web-container_1
root@ubuntu:~/compose-6-3-2#
```

図6-24　Dockerfileを使ったdocker-composeのコンテナ作成

　これを実行後、ブラウザで「192.168.56.2」にアクセスし、Apacheコンテナに COPY した「index.html」の内容が見えていれば、正常です。

Column **docker-compose でのコンテナ内へのファイルコピー**

「■Apache を docker-compose で build」するでは、Apache に conf ファイルを反映させるのに、volumes でマウントしていました。

しかし、「■nginx をリバースプロキシにした Apache を docker-compose で構築する」では、マウントしていません。

これは Dockerfile に COPY コマンドがあり、conf ファイルをコンテナに送っているからです。

「docker-compose.yml」上でも Dockerfile を使えば、コンテナにファイルを送ることができます。

Column **docker-compose のネットワークについて**

「5-2　nginx をリバースプロキシにした Apache の構築」で、Dockerfile を使って nginx と Apache の Web システムを作ったときは、network を作って（docker network create）いました。

しかし、今回の「docker-compose.yml」には、network に関する記述はありません。

この理由は、Docker Compose を使った場合、その「docker-compose.yml」ファイルで作られるコンテナに対して、デフォルトで一つ、network が自動で作られます。

network 名は、「ディレクトリ名_default」です。

つまり、今回の場合、「compose-6-3-2_default」という network が自動作成されます。

そのため、特に何も記述をしなくても、その「docker-compose.yml」内に記載されたコンテナ同士は、同じ network 上のコンテナとなるので、コンテナ間通信ができるようになります（図6-B）。

```
root@ubuntu:/compose-6-3-2# docker network ls
NETWORK ID     NAME                  DRIVER    SCOPE
87a0cf5a364c   bridge                bridge    local
69a2d259b08a   compose-6-2_default   bridge    local
6648e4180d09   compose-6-3-1_default bridge    local
d6ee03cea976   compose-6-3-2_default bridge    local
```

図6-B　docker-compose によって作られる、デフォルトの network

6-4　MySQL、phpMyAdmin、WordPress、Redmine のコンテナを、docker-compose.ymlで作ろう

この節では、docker-composeの学習のまとめとして、5-3〜5-5で作った、MySQL、phpMyAdmin、WordPress、Redmineのコンテナを、「docker-compose.yml」で作ります。

＊

第5章では、3つのDockerfileとdocker runのオプションを駆使して、それぞれのコンテナを構築しました。

これらのコンテナを、Docker Composeで構築する場合、「6-3　Docker Composeの練習」で行なった方法と同様に、「docker-compose.yml」からDockerfileを起動して構築をすることもできます。

しかし、ここでは、純粋に1つの「docker-compse.yml」ファイルだけで、これらのコンテナを全部、構築してみることにします。

■ コンテナとベースイメージの関係

実際の構築に入る前に、コンテナとベースイメージの関係を整理します。基本的に、**第5章**のものと同じです。

作る各コンテナに対するコンテナ名とベースイメージは、次の通りです。

作る各コンテナに対するコンテナ名とベースイメージ

アプリケーション・コンテナ	コンテナ名	ベースイメージ
データボリューム・コンテナ	db-container	busybox
MySQLコンテナ	mysql-container	mysql
phpMyAdminコンテナ	pma-container	phpmyadmin/phpmyadmin
WordPressコンテナ	wordpress	wordpress
Redmineコンテナ	redmine	redmine

それぞれのコンテナの相関図は、**図6-25**の通りです。

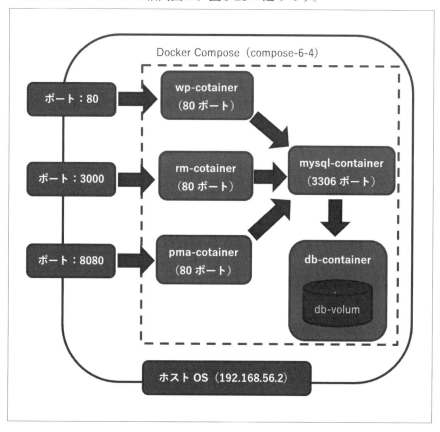

図6-25 MySQLと3アプリケーション・コンテナの構成イメージ

ディレクトリ構造は、以下の通りとします。

```
/root
└/compose-6-4
 └docker-compose.yml
```

■ データボリューム・コンテナの設計

では、「docker-compose.yml」を作っていきます。

＊

最初の2行は、定型の「version: "2"」と「services:」です。

```
version: "2"
services:
```

＊

引き続き、コンテナ部を書いていきます。

まずは、MySQLのデータベースに使う、データボリューム・コンテナを設計します。

「5-3　応用編）MySQL（+phpMyAdmin）を構築する」のときと同じく、データボリューム名は「db-volume」、データボリューム・コンテナは「db-container」、マウント位置はMySQLのデータベース保存ディレクトリに合わせて「/var/lib/mysql/」とします。

```
version: "2"
services:
  db-container:
    image: busybox
    volumes:
      - db-volume:/var/lib/mysql/
```

> ※なお、データボリュームであるdb-volumeの作成は、最後（services:の設計完成後）に行ないます。

■ MySQLコンテナの設計

続いて、MySQL部分です。

こちらのコンテナ名は「mysql-container」、ベースイメージは「mysql」です。

```
～中略～
  db-container:
    ～中略～
  mysql-container
    image: mysql:8
```

●環境変数の設定

続いて、「5-3　応用編）MySQL（+phpMyAdmin）を構築する」のDockerfile に相当する、中身の部分です。

5-3節では、環境変数として、データベースのroot権限パスワードである 「MYSQL_ROOT_PASSWORD=dbpass01」を定義しました。

今回も、これを定義します。

そして、今回は追加で「MYSQL_DATABASE=redmine」も定義します。

「MYSQL_DATABASE」は、指定された名前で"空の"データベースを、 MySQLサーバ構築時に作るという、MySQLがもつオプション機能です。

＊

「5-5　応用編）Redmineを構築する」で説明したように、Redmine構築時には、あらかじめMySQL内に「redmine」という名のデータベースを作っておく必要があります。

そこで、この「MYSQL_DATABASE=redmine」を指定することで、 「redmine」というデータベースを作っておきます。

Column　MySQLコンテナ生成時に、データベースを作る

MYSQL_DATABASE を指定することで、MySQLコンテナ生成時にデータベースが作れますが、生成時に作成可能なデータベースは、"一つだけ"です。

※なお、**第5章**でも、このオプションを使うことで、mysqlコンテナ生成時に、自動でデータベースを作ることができます。

Dockerfileにおいて環境変数を設定するENVは、「Docker Compose」では、「environment」で置き換えて書きます。

```
    ～中略～
  mysql-container
    image: mysql
      environment:
        - MYSQL_ROOT_PASSWORD=dbpass01
        - MYSQL_DATABASE=redmine
```

そして、重要なコマンドとして、MySQLコンテナの文字コードをUTF-8（utf8mb4）で定義する命令を記述します。

これを設定しないと、MySQLのデータベースは、日本語を扱えないので、必ず設定します。

DockerfileにおけるCMDは、Docker Composeでは、「command」に置き換えて書きます。

書き方も、Exec形式ではなく、通常の形式で書きます。

```
    ～中略～
  environment:
    - MYSQL_ROOT_PASSWORD=dbpass01
    - MYSQL_DATABASE=redmine
  command: --character-set-server=utf8mb4 --collation-
server=utf8mb4_unicode_ci --default-authentication-
plugin=mysql_native_password
```

※上記のcommand:行は、commandからmysql_native_passwordを、"一行"で書きます

●データボリューム・コンテナのマウント

ここまでで、Dockerfileに相当する部分の内容を書きました。

続いて、docker run時に行なった、データボリューム・コンテナのマウントを定義し、MySQLのデータベースを、データボリューム・コンテナのほうに出力して、永続化します。

```
    ～中略～
command: mysqld --character-set-server=utf8mb4 ・・・
volumes_from:
  - db-container
```

＊

ここでは、「docker-compose.yml」ならではの記述を、2つ追記します。

①起動順序
　一つ目は、起動順序です。

　「docker-compose.yml」では、複数のコンテナを起動しますが、その起動順
は定義されておらず、順不同です。

　「mysql-container」では、先に「db-container」ができていないと接続できま
せん。それでは困るので、「depends_on:」を使って「db-container」の後に起動
するようにします。

②異常終了したときの、自動再起動
　そして二つ目ですが、コンテナがトラブルで終了した際に、"自動で再起動
をかける"ようにする設定も行ないます。

　これは、「restart: always」を追記するだけで機能します。

```
    ～中略～
volumes_from:
  - db-container
depends_on:
  - db-container
restart: always
```

Column　depends_onとrestartについて

「depends_on」は、あくまでも"起動するタイミングをずらす"というもので、起動を完了してから、次の起動に入るというものではないことに注意してください。

「restart」は、コンテナが異常などで停止した場合に、自動的に起動するオプションです。

こちらはサーバの運用上で有用なので、この機能を覚えておくといいでしょう。

※なお、データボリューム・コンテナは停止状態で運用するため、設定しません。

「restart」は、連続でエラーとなった場合は、前回のエラー間隔の倍の起動遅延がかかるようになっています。

※なお、今回restartに設定したalwaysは、常に起動する設定となります。そのため、エラーで停止した場合もですが、OSを再起動した後も、自動でrestartされます。

＊

最後に、「mysql-container」部の全体をまとめて掲載します。
確認しておきましょう。

```
version: "2"
services:
  data-container
  ～中略～
  mysql-container:
    image: mysql:5
    environment:
      - MYSQL_ROOT_PASSWORD=dbpass01
      - MYSQL_DATABASE=redmine
    command: --character-set-server=utf8mb4 --collation-
server=utf8mb4_unicode_ci --default-authentication-
plugin=mysql_native_password
    volumes_from:
      - db-container
    depends_on:
      - db-container
    restart: always
```

※command行は、"一行"で書きます

■ phpmyadmin コンテナの設計

続いては、phpMyAdminの設計です。

ここからは、今まで出てきたパラメータのみとなるので、セットする値と、簡略な説明のみ行ないます。

*

なお、今回、外部からブラウザにアクセスするにあたっては、

・phpmyadmin は 8080番ポート（コンテナ側：80番ポート）
・WordPress は 80番ポート（コンテナ側：80番ポート）
・Redmine は 3000番ポート（コンテナ側：3000番ポート）

を使います（**第5章**と同様のポート）。

*

phpMyAdminでの設定項目は、以下の通りです。

パラメータ	値	説　明
-	pma-container	コンテナ名
image	phpmyadmin/phpmyadmin	取得するイメージ名
environment	PMA_HOST =mysql-container	接続先データベース名
environment	PMA_USER=root	接続先で使うデータベースアカウント
environment	PMA_PASSWORD =dbpass01	「PMA_USER」のログインパスワード
ports:	8080:80	外部ブラウザからのアクセス・ポートと、内部コンテナのポートの接続
depends_on:	mysql-container	起動順序（指定コンテナの後に起動）
restart:	always	コンテナが異常終了した際に再起動するか。 （常時行なう）

*

上記をもとに、phpMyAdminのコンテナ部分を書くと、次のようになります。

これで、phpMyAdmin部分は完成です。

```
version: "2"
services:
  〜中略〜
  mysql-container:
  〜中略〜
    restart: always

  #phpmyadminのコンテナ設計
  pma-container:
    image: phpmyadmin/phpmyadmin
    environment:
      - PMA_HOST=mysql-container
      - PMA_USER=root
      - PMA_PASSWORD=dbpass01
    ports:
      - 8080:80
    depends_on:
      - mysql-container
    restart: always
```

■ WordPressコンテナの設計

WordPressでの設定項目は、以下の通りです。
基本構造は、phpMyAdminと同じです。

パラメータ	値	説　明
-	wp-container	コンテナ名
image	wordpress	取得するイメージ名
environment	WORDPRESS_DB_HOST =mysql-container	接続先データベース名
environment	WORDPRESS_DB_USER =root	接続先で使うデータベースアカウント
environment	WORDPRESS_DB_PASSWORD =dbpass01	WORDPRESS_DB_USERのログインパスワード

ports:	80:80	外部ブラウザからのアクセス・ポートと内部コンテナのポートの接続
depends_on:	mysql-container	起動順序（指定コンテナの後に起動）
restart:	always	コンテナが異常終了した際に再起動するか。 （常時行なう）

＊

上記をもとに、WordPress のコンテナ部分を書くと、次のようになります。

これで、WordPress 部分は完成です。

```
version: "2"
services:
  〜中略〜
  mysql-container:
  〜中略〜
  pma-container:
  〜中略〜
    restart: always

#WordPressのコンテナ設計
wp-container:
  image: wordpress
  environment:
    - "WORDPRESS_DB_HOST=mysql-container"
    - "WORDPRESS_DB_USER=root"
    - "WORDPRESS_DB_PASSWORD=dbpass01"
  ports:
    - "80:80"
  depends_on:
    - "mysql-container"
  restart: always
```

■ Redmine コンテナの設計

WordPressの次は、Redmineです。

*

Redmineは、起動時に接続先のデータベースに「redmine」という名のデータベースがないと、エラーとなるので、注意してください。

*

本書では、■MySQLコンテナの設計のときに、MySQLコンテナ生成と同時に、redmineのデータベースも作るようにしています。

しかし、もし起動時にデータベースが見つからないというエラーが表示されたら、この辺りをチェックしてください。

パラメータ	値	説　明
-	rm-container	コンテナ名
image	redmine	取得するイメージ名
environment	REDMINE_DB_MYSQL =mysql-container	接続先データベース名
environment	REDMINE_DB_USERNAME =root	接続先で使うデータベースアカウント
environment	REDMINE_DB_PASSWORD =dbpass01	REDMINE_DB_USER NAMEのログインパスワード
ports:	3000:3000	外部ブラウザからのアクセスポートと、内部コンテナのポートの接続
depends_on:	mysql-container	起動順序（指定コンテナの後に起動）
restart:	always	コンテナが異常終了した際に再起動するか。 （常時行なう）

*

「redmine」コンテナの記述は、次のようになります。

これで、Redmine部分は完成です。

```
version: "2"
services:
  ～中略～
  mysql-container:
  ～中略～
  pma-container:
  ～中略～
wp-container:
    ～中略～
    restart: always

#Redmineのコンテナ設計
rm-container:
  image: redmine
  environment:
    - REDMINE_DB_MYSQL=mysql-container
    - REDMINE_DB_USERNAME=root
    - REDMINE_DB_PASSWORD=dbpass01
  ports:
    - 3000:3000
  depends_on:
    - mysql-container
  restart: always
```

■ docker-compose.yml の完成と動作確認

以上でコンテナ部分の設計が終わりました。

*

残るは、データボリューム・コンテナの構築時に書いた通り、**データボリューム・コンテナのデータボリューム**の記述です。

これは、「services:」のブロック内ではなく、並列関係にあるので、記述位置(行頭のスペースの数)に注意します。

*

データボリューム名は、「**db-volume**」とします。

```
version: "2"
services:
  ～中略～

volumes:
  db-volume:
```

これで、「docker-compose.yml」の設計は完了です。

*

これまでの内容をひとつにまとめると、**リスト6-6**の通りです。

リスト6-6　/root/compose-6-5/docker-compose.yml

```
version: "2"

services:
  #データボリュームコンテナの設計
  db-container:
    image: busybox
    volumes:
      - db-volume:/var/lib/mysql/

  #MySQLの設計
  mysql-container:
    image: mysql:8
    environment:
      - MYSQL_ROOT_PASSWORD=dbpass01
      - MYSQL_DATABASE=redmine
    command: --character-set-server=utf8mb4 --collation-
server=utf8mb4_unicode_ci --default-authentication-
plugin=mysql_native_password
    volumes_from:
      - db-container
    depends_on:
      - db-container
    restart: always

  #phpmyadminの設計
  pma-container:
    image: phpmyadmin/phpmyadmin
    environment:
      - PMA_HOST=mysql-container
      - PMA_USER=root
      - PMA_PASSWORD=dbpass01
    ports:
      - 8080:80
    depends_on:
      - mysql-container
    restart: always
```

```
  #WordPressの設計
  wp-container:
    image: wordpress
    environment:
      - WORDPRESS_DB_HOST=mysql-container
      - WORDPRESS_DB_USER=root
      - WORDPRESS_DB_PASSWORD=dbpass01
    ports:
      - 80:80
    depends_on:
      - mysql-container
    restart: always

#Redmineの設計
  rm-container:
    image: redmine
    environment:
      - REDMINE_DB_MYSQL=mysql-container
      - REDMINE_DB_USERNAME=root
      - REDMINE_DB_PASSWORD=dbpass01
    ports:
      - 3000:3000
    depends_on:
      - mysql-container
    restart: always

#データボリュームの設計
volumes:
  db-volume:
```

「docker-compose.yml」が書けたら、実行します（図6-26）。

```
# docker-compose up -d
```

```
root@ubuntu:~/compose-6-4# docker-compose up -d
Creating network "compose64_default" with the default driver
Creating volume "compose64_db-volume" with default driver
Creating compose64_db-container_1
Creating compose64_mysql-container_1
Creating compose64_wp-container_1
Creating compose64_pma-container_1
Creating compose64_rm-container_1
root@ubuntu:~/compose-6-4# 
```

図6-26　docker-composeによる5つのコンテナの起動

起動したら、コンテナの起動状態を確認します。

＊

「db-container」のみ「Exit」で、その他は、「Up」となっていることを確認してください（**図6-27**）。

```
# docker-compose ps
```

```
root@ubuntu:~/compose-6-4# docker-compose ps
        Name                    Command           State          Ports
compose64_db-container_1    sh                     Exit 0
compose64_mysql-container_1 docker-entrypoint.sh mysql ...  Up  3306/tcp
compose64_pma-container_1   /run.sh phpmyadmin     Up   0.0.0.0:8080->80/tcp, 9000/tcp
compose64_rm-container_1    /docker-entrypoint.sh rail ... Up 0.0.0.0:3000->3000/tcp
compose64_wp-container_1    docker-entrypoint.sh apach ... Up 0.0.0.0:80->80/tcp
root@ubuntu:~/compose-6-4#
```

図6-27　docker-composeで起動したコンテナの状態を確認する

そして、各アプリケーションにブラウザでアクセスし、起動を確認します（**図6-28**）。

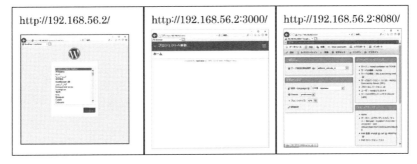

図6-28　各アプリケーションの起動画面

＊

また、phpMyAdmin上でデータベースを作るなど、任意のデータを入力し、コンテナの停止、破棄、再作成を行なっても、以前のデータを失わないことを確認します（**図6-29**）。

```
# docker-compose stop
# docker-compose rm
# docker-compose up -d
```

データが失われないのは、データボリューム・コンテナを通して永続データボリュームの「db-volume」に書き出されているためです。

もし、データが失われている場合は、この辺りの設定をチェックします。

```
root@ubuntu:~/compose-6-4# docker-compose stop
Stopping compose64_pma-container_1 ... done
Stopping compose64_wp-container_1 ... done
Stopping compose64_rm-container_1 ... done
Stopping compose64_mysql-container_1 ... done
root@ubuntu:~/compose-6-4# docker-compose rm
Going to remove compose64_pma-container_1, compose64_wp-container_1, compose64_rm-co
ntainer_1, compose64_mysql-container_1, compose64_db-container_1
Are you sure? [yN] y
Removing compose64_pma-container_1 ... done
Removing compose64_wp-container_1 ... done
Removing compose64_rm-container_1 ... done
Removing compose64_mysql-container_1 ... done
Removing compose64_db-container_1 ... done
root@ubuntu:~/compose-6-4# docker-compose up -d
Creating compose64_db-container_1
Creating compose64_mysql-container_1
Creating compose64_rm-container_1
Creating compose64_wp-container_1
Creating compose64_pma-container_1
root@ubuntu:~/compose-6-4# ▉
```

図6-29　全コンテナを一度破棄再作成して、データの引継ぎを確認

■ 自動起動を確認する

最後に、「restart」の「always」オプションの動作確認をします。
ホストOSを、「shutdown -r now」で再起動してください。

そして、再起動後、OSにログインしなくても、今回作ったアプリケーションが、ブラウザからアクセスできることを確認してください。

> ※「restart:always」を記述しなかった場合は、OS再起動時に自動では起動しないため、「404
> エラー」となります。

＊

以上で、Docker Composeの使い方の学習は終了しました。

VirtualBoxとUbuntu Serverで、仮想Linux環境を作る

> ここでは、Oracle社の仮想化ソフトウェア、「VirtualBox」に
> Ubuntu Serverをインストールして、"学習用"仮想マシンを作
> る手順を説明します。
>
> ＊
>
> Ubuntu Serverは、CUIベースのLinuxサーバOSなので、実
> 際の運用に近くなるように、Windowsマシンからターミナルソ
> フトで、仮想Ubuntuサーバに接続できるまでを説明します。

■ 全体の流れ

全体の流れは、次の通りです。

[1] VirturlBoxのインストール

　Oracle社のサイトから、「VirturlBox」をダウンロードし、インストールする。

[2] 仮想マシンの作成

　VirturlBoxを起動して、仮想マシンを作り、ネットワーク周りなどの構成
をする。

[3] 仮想マシンにOSをインストール

　「Ubuntu Server」を公式サイトからダウンロードして、インストールする。

[4] ターミナルソフトで接続できるようにする

　Linuxでは、「Tera Term」に代表されるようなターミナルソフトで、
Windows上からサーバを操作することが多くある。

　本書でも、実環境に合わせた環境を構築して、学習していく。

■ Windowsの仮想化機能が、有効かどうかを確認する

　本書では、Windows上に、仮想化ソフトウェアとして、Oracle社の
VirtualBoxを導入します。

　このソフトウェアを使う上で、あらかじめ仮想化支援機能を有効にしてお
く必要があります。

※有効かどうかは、タスクマネージャで確認します。

　[パフォーマンス]タブを開いて、「CPU」をクリックすると、「仮想化」の項
目で「有効/無効」を確認できます(図A-1)。

※無効となっている場合は、BIOSから変更の設定をしてください。

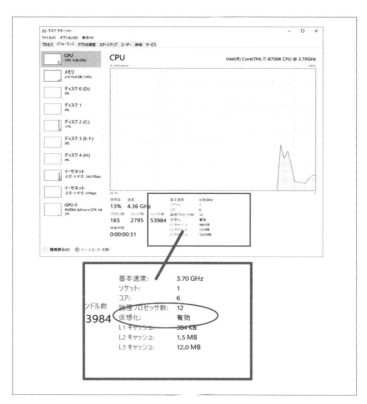

図A-1　仮想化が[有効]であることを確認する

■ VirtualBoxを入手する

　VirtualBoxの公式サイト（https://www.virtualbox.org/）にアクセスして、VirtualBoxを入手します。

　本Appendixの執筆時点では、「VirturalBox6.1」が最新となるので、それをインストールしています。

　同サイトにアクセスすると、画面中央に大きなダウンロードボタンがあるので、こちらをクリックします（図A-2）。

　クリックすると、画面遷移するので「VirtualBox binaries」にある「Windows hosts」をクリックして、インストーラーをダウンロードします。

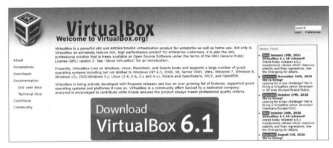

図A-2　VirtualBoxをダウンロードする

■ Ubuntu ServerのISOイメージを入手する

　仮想マシンにインストールするUbuntu ServerのISOイメージを、公式サイトから事前に入手しておきます。

①「Ubuntu」日本公式サイト（https://jp.ubuntu.com/）を開く
②上のメニューの「ダウンロード」をクリック
③リンク先で「Ubuntu Server」のISOファイルをダウンロード

　本書では、長期に同じ環境を維持しやすい、「LTS版」（長期サポート版）を使います（図A-3）。なお、バージョンは「20.04」です。

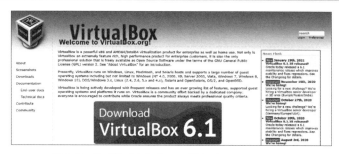

図A-3　公式サイトからLTS版をダウンロードする

■ VirtualBoxをインストールする

ダウンロードしたVirtualBoxインストーラーを起動して、インストールします。

> ※インストールは、基本的に初期値のままでかまいません。

表示されたウィザードの通りに、インストールしてください。

*

VirtualBoxをインストールすると、ネットワークアダプタとして、「Virtual Host-Only Network」という「仮想NIC」が追加されます。

この仮想NICは、コントロールパネルのネットワーク接続上から確認できます(図A-4)。

NICのプロパティを確認すると、IPv4にIPアドレス(本書のバージョンでは「192.168.56.1」)が割り当てられています。

これが、VirturlBox上のホストと通信をするための、Windows側の専用NICになります。

図A-4　「Virtual Host-Only Network」というNIC

■ 仮想マシンを作る

VirtualBoxをインストールしたら、起動してください。
図A-5のような画面が表示されます。

しかしまだ、これは、仮想化ソフトウェアが入っただけで、仮想マシンで
はありません。

今から仮想マシンを作り、OSをインストールするので、焦らずにゆっくり
進めていきましょう。

図A-5　Virtual Boxを起動したところ

＊

まずは、次の手順で、仮想マシンを作ります(図A-6)。

手 順) 仮想マシンの作成

[1]新規作成する
　右上のアイコンの[新規]ボタンをクリックして、設定画面をポップアップ。

[2]名前を設定
　名前は、WindowsでいうPC名となります。分かりやすいものでかまいま
せん。
(本書では、Dockerのホスト用として、「Ubuntu20.04-DH」としました)。

[3]マシンフォルダー(仮想マシンの保存先)を選択
　仮想マシンの保存先となります。特に問題がなければ初期値で構いません。
　ディスク容量に不安があるときは、適切なドライブのフォルダを指定して
ください。

[4]タイプから「Linux」を選択

　次に、[タイプ]をクリックして、「Linux」を選択。

[5]バージョンから「Ubuntu (64-bit)」を選択

　[バージョン]から、「Ubuntu (64-bit)」を選択。

> ※ここが最重要ポイントです。
> 　このときに32-bitのUbuntuしか表示されない場合は、BIOSの仮想化支援機能が無効となっています。
> 　その場合は、BIOS設定を確認して、仮想化支援機能を有効にしてください。

　入力できましたら「次へ」をクリックします。

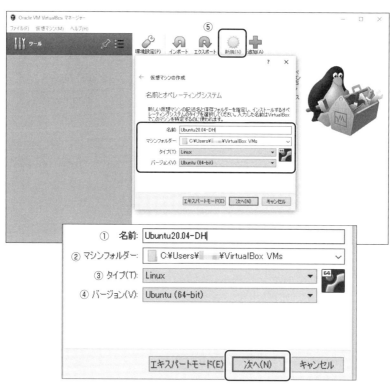

図A-6　仮想マシンを作る

[6]メモリやディスク容量などを決める

　続いて、「メモリ」や「ディスク容量」の設定がありますが、本書の学習のみでしたら、初期値で問題ありません。

メモリ「1024MB」、ハードディスク「10GB」が、初期値となっています。

> ※なお、仮想マシンなので、これらの値は後から修正も可能です。

これらを設定すると、マシン部分の完成です。

■ ISOイメージをマウントする

仮想マシンが出来上がったら、次はOSをインストールします。
先ほどダウンロードしたUbuntu ServerのISOイメージを、仮想マシンの
CD-ROMドライブにマウントしていきます。

（手 順）

[1] VirtualBoxの「設定」アイコンをクリックし、「ストレージ」を選択。
[2] 中央欄の「ストレージデバイス」に「空」と表示されたCDのアイコンがある
ので、それを選択状態にする。
[3] すると右側の欄に「属性」「光学ドライブ」というフィールドが表示され、
さらに右側にCDのアイコンがあるので、そのアイコンをクリックして、「ディ
スクファイルを選択」をクリック。
[4] するとISO選択画面から「ISOイメージ」が選択できるので、先ほどダウ
ンロードしておいた、Ubuntu ServerのISOファイルを選択（**図A-7**）

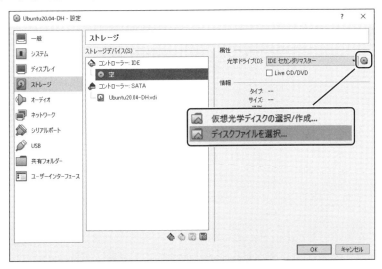

図A-7　ISOファイルをマウントする

■ Ubuntuのインストール

　これで、仮想マシンにOSのインストールディスクがセットされた状態になりました。

　いよいよ、OSのインストールです。

＊

　VirtualBoxのアイコンから「起動」をクリックします（**図A-8**）

図A-8　仮想マシンを起動する

　すると「起動ハードディスクを選択」というダイアログが表示されます。

　その際は選択されているものが先ほどダウンロードしたUbuntuのISOイメージファイルであることを確認して「起動」してください。

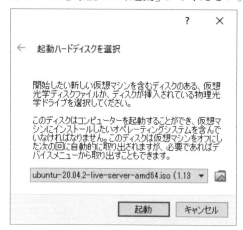

図A-9　仮想マシンを起動する

　起動すると「仮想コンソール」が開き、「言語選択」画面が表示されます。

＊

　ここからは、Ubuntu Serverのインストールとなります。

　こちらも基本的に、デフォルトのままでかまいません（**図A-10**）。

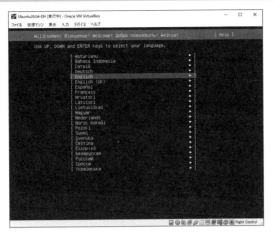

図A-10　Ubuntu Serverのインストール

※参考までに、本書では、各選択肢において、以下の設定を行ないました。
（学習用なので、パスワードなどは利便性を考慮して、あえて簡略なものを使っています）。

項目名	設定値	デフォルト値
Language	English	（同左）
Keyboard Configuration	Layout: Japanese Variant: Japanese	Layout: English (US) Variant: English (US)
Network connections	（変更せずに Done）	enp0s3 eth
Configure proxy	空欄（会社環境等で Proxy サーバがある場合は Proxy サーバの情報を画面の書式に従って入力）	空欄
Configure Ubuntu archive mirror	（変更せずに Done）	http://jp.archive.ubuntu.com/ubuntu
Guided storage configuration	（変更せずに Done） ※Xがついているものが選択されている状態。	(X)Use an 〜 [X] set up 〜 　[ ] Encrypt 〜 ( ) Custom 〜
Storage configuration	FILE SYSTEM SUMMARY で （変更せずに Done） Are you sure〜で [Continue]	FILE SYSTEM SUMMARY （各種設定値） Are you sure〜で [No]

Profile setup	Your name: (任意。空欄可) Your server's name: ubuntu Pick a username: user01 Choose a password: pass01 Confirm your password: pass01	Your name: 空欄 Your server's name: 空欄 Pick a username: 空欄 Choose a password: 空欄 Confirm your password: 空欄
SSH setup	[X] Install OpenSSH server ※本書ではターミナルソフトを使用するためにチェックを入れ、ここでopenSSHもインストールします	[ ] Install OpenSSH server
Featured Server Snap	(変更せずにDone)	(すべて選択なし)
Installing System	(インストール完了まで待つ) Reboot now	

　これで、インストールは完了です。

　最後の項目で再起動すると、Ubuntu が起動します。
(最後に cd-rom が unmount されていないというメッセージが出る場合があります。この場合は最初の VirtualBox の「設定」の「ストレージ」から CD-ROM のイメージを解除して Enter キーを押してください)

　起動後、ログインのプロンプトが表示されるので、上記で設定したユーザ名とパスワード (本書ではログイン ID：user01 パスワード：pass01) でログインできることを確認します。

　起動後、次の設定のために一度「shutdown -h now」コマンドを入力してサーバをシャットダウンします。

■ ターミナルソフトで接続できるようにする

ターミナルソフトで、VirtualBox上の仮想マシンに接続するには、大きく次の3つの設定が必要です。

①仮想マシンにWindows側と通信できる「仮想NIC」を追加

②仮想マシンに追加した仮想NIC※を、Ubuntu上で認識させ、IPアドレスを設定

③「SSH」をインストール（※こちらについてはUbuntuインストール時にopenSSHをインストールしていますので、改めてインストールする必要はありません。そのため本書では③は省略します。）

> ※ NIC: ネットワーク・カード

> ※本書では操作端末のPC(Windows)とホストOS (Ubuntu)の立ち位置が分かりやすくなるようにホストオンリー・アダプタを用い、Ubuntuに別IPアドレスを与える方式を用いています。しかし、ホストオンリー・アダプタは有線LANのアダプタであり、無線環境しかないPCのような場合にはうまく動作しないことがあります。その場合は後述の「ポートフォワーディングでUbuntuとつなぐ」をお試しください。

*

それでは、順に説明します。

● ネットワーク設定の概要

VirtualBoxで仮想マシンを作ると、デフォルトで「アダプター1」というNICが1つ構成されます。

これは、親機であるWindowsの物理NIC経由で、NATを利用してインターネットに接続するもので、このアダプターはNICからインターネット回線に出て行くための、専用NICとなります。

そのため、親機のWindowsマシンからも、LANで接続することはできません。

*

そこで、親機となるWindowsマシンから仮想マシンに通信できるように、「アダプター2」を追加します。

アダプター2は、「ホストオンリー・アダプタ」と言うNICとして追加します。

ホストオンリー・アダプタは、その名の通り、ホストとなるWindowsマシンからのみ接続できるNICで、このNICを通して、仮想マシンと通信できます。

*

　このNICを使って通信するには、仮想マシン上のUbuntuにIPアドレスを割り当てる作業が必要です。

　Windows側のホストオンリー・アダプタには、デフォルトで「192.168.56.1」が割り当てられています。

　そのため、追加した対向側のUbuntuのNICには、同じセグメントの別のIPアドレスを設定します。

　VirtualBoxでは、DHCPも利用できますが、今回はターミナルソフトで接続する関係上、固定IPアドレスを割り当てます。

　ここでは、UbuntuのIPアドレスとして、「192.168.56.2」を設定します。

　このへんを理解した上で、次のIPアドレス設定を行なうと、何をしているのかが分かりやすいと思います。

● Windows PC と直接つなぐための仮想NICを追加する

手　順　Windows PC と直接つなげるための仮想NICを追加する

[1] Ubuntu が起動中なら、一度、シャットダウンする。

[2] シャットダウン後、VirtualBox の設定をクリック (図A-11)

[3] 設定画面の左ペインから、ネットワークを選択

[4] 右ペインのアダプター2タブをクリック

> ※右ペインにアダプタータブがいくつかありますが、これがそれぞれの仮想NIC に対応します。
> 　このうち、アダプター1 については、すでに自動でNAT 設定がされているので、こちらは変更しないでください。

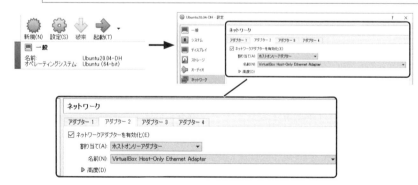

図A-11　ホストオンリー・アダプタのNICを追加する

[5] アダプター2タブを以下のように設定
・「ネットワークアダプタ」を有効化にチェックを付ける
・割り当てに「ホストオンリー・アダプタ」を設定

[6] [OK]ボタンをクリックして、仮想NICの追加を完了

● 追加した仮想NICにUbuntuでIPアドレスを設定する
[1]「アダプター2」にNICを設定したら、再びUbuntuを起動する。

[2] ログイン後、
```
$ ip addr
```
と入力し、追加したNICが、Ubuntu上で反映されていることを確認する（図A-12）

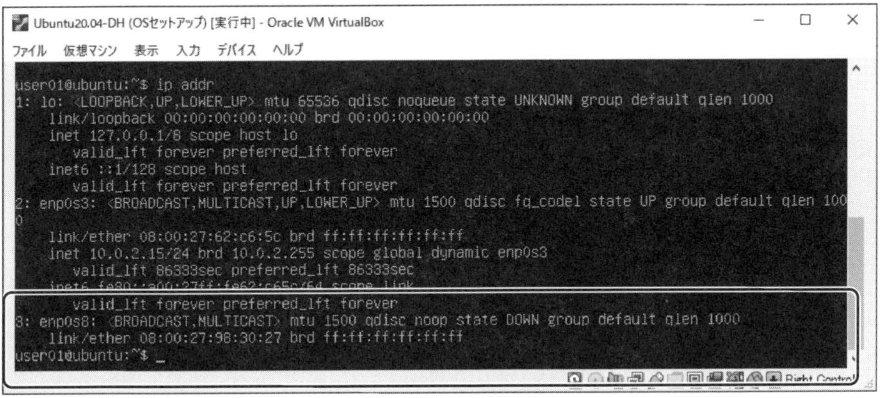

図A-12　NICの反映を確認する

筆者の環境上では、次の3つのNIC名があります。

・「1: lo」（ループバック-OS自身のもつ、自分自身の情報）
・「2: enp0s3」（NAT-VirtualBoxのアダプター1）
・「3: enp0s8」（追加したNIC-VirtualBoxのアダプター2）

　この「3: enp0s8」が、今追加したものとなりますが、この時点では物理サーバで言えば、ネットワーク・カードをマザーボードに追加しただけで、ネットワーク設定がされていないためまだ使用できません。

これらのNIC名は、Linuxのもつ独自の命名規則により自動的につくものですが、これはVirtualBoxのバージョンや環境によって変わる可能性があります。

この追加されたNIC名は、このあとの作業で必要となるので、皆さんのほうでも、追加されたNIC名を確認してください。

[3] 次に、親機であるWindowsの[ネットワークと共有]を開き、ネットワークアダプタから「VirtualBox HostOnly Network」を開く。

[4] そして、プロパティを開き、Windows側のIPアドレスを確認する。

> ※デフォルトでは、192.168.56.1 ですが、こちらもVirtualBox のバージョンや環境により、変わることがあります（図A-13）。

図A-13　ホスト側のIPアドレスを確認する

[5] 続いて Ubuntu に戻り、sudo 権限付きで「/etc/netplan/01-hostonly-config.yaml」をエディタで開く。

```
$ sudo vi /etc/netplan/01-hostonly-config.yaml
```

> ※ネットワーク設定はUbuntuがnetplanディレクトリのyamlファイルを読み込むことで行われます。
> 　なお、netplanディレクトリにはすでに「00-installer-config.yaml」がありますが、こちらにはインストール時に自動構築されたアダプター1の設定が記載されています。
> 　「00-installer-config.yaml」に新しく追加されたネットワーク・カードの設定を書き込むことも可能ですが、万一設定を間違えるとインターネットにつなげられなくなる等の問題が生じるため、本書では別ファイルとして「01-hostonly-config.yaml」を作成し、デフォルトの設定ファイルに触らないようにしています。
> 　Ubuntuのネットワーク設定はnetplanディレクトリ内のすべてのyamlファイルを辞書順に順次読み込み、重複するようであれば設定を上書きする仕組みとなります。
> 　本書ではデフォルトの「00-installer-config.yaml」にはアダプター1の情報が、「01-hostonly-config.yaml」にはアダプター2の情報があるのみで、内容の重複はしないため、Ubuntuでは「00-installer-config.yaml」が設定された後、「01-hostonly-config.yaml」が追加設定されるような形で動作します。

[6] そして、新規追加した NIC の設定を追記する。本書では Windows 側が「192.168.56.1」なので、対向側の Ubuntu は「192.168.56.2」を設定します（図A-14）。

```
network:
  ethernets:
    enp0s8:
      dhcp4: no
      dhcp6: no
      addresses: [192.168.56.2/24]
```

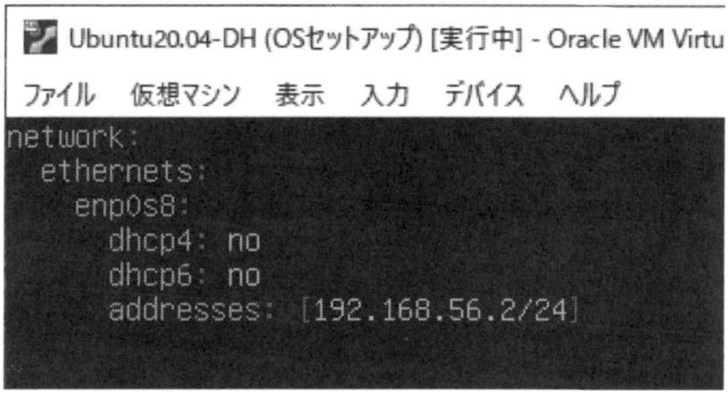

図A-14　追加したNICにIPアドレスを設定する

> ※yamlファイルはスペースの位置・数を厳密にチェックするので上記のように正確に記述してください。また、スペルミス（特に「ethernets」「addresses」は複数形）にも気を付けてください。

[7] 作成後、「:wq」で保存し、Ubuntu に戻る。

[8] 以下のコマンドを入力し、ネットワーク設定を反映させる。

```
$ sudo netplan apply
```

[9] 設定反映後、ip addr コマンドにて反映を確認（図 A-15）。

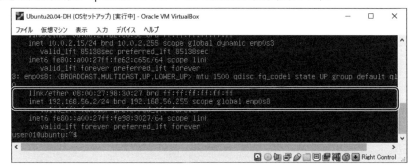

図 A-15　追加した NIC に IP アドレスが反映されているか確認する

■ ターミナルソフトで接続する

　難しい設定が終わったところで、最後の仕上げです。

＊

　ターミナルソフトで接続できるようにするにはサーバ側に SSH サービスソフトがインストールされている必要があります。

　本書では Ubuntu インストール時に openSSH をインストールしていますので、すでにターミナルソフトが使える状態になっています。

　では実際に接続してみましょう。

　ターミナルソフトとして、Tera Term で接続する場合には、入力は、接続先の IP アドレスぐらいです。

　ここでは、先ほど「etc/netplan/01-hostonly-config.yaml」ファイルで設定した IP アドレスである、「192.168.56.2」のように入力して接続してください（図 A-16）。

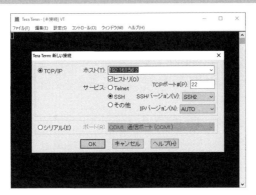

図A-16 Tera Termを使って接続する

※なお、初回に接続すると、ターミナルソフトのほとんどで、セキュリティ警告として"ホスト鍵指紋がない"というメッセージが表示されます (図A-17)。
　これは"ターミナルソフト内の接続履歴リストにないサーバ"という意味です。
　次回以降に、このメッセージが出ないようにするため、[続行] ボタンをクリックしてリストに登録します。

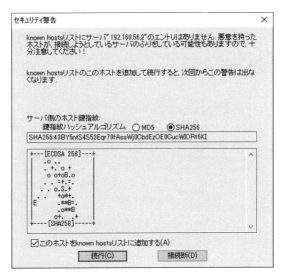

図A-17 初回に接続したときに表示される警告

■ スナップショットを作る

ここまで長い設定、お疲れ様でした。

完成したところで、現在のUbuntuの「スナップショット」を作りましょう。

＊

スナップショットは、その時点でのバックアップです。

何か問題があったときに、サーバの状態を、簡単にスナップショットの作成時点まで戻すことができます。

手 順) スナップショットを作る

[1] 仮想サーバのサイドメニューから「スナップショット」をクリックする

VirtualBoxにある仮想マシン一覧の右側にはリストのアイコンのようなものがあります。

ここをクリックし、「スナップショット」を選択すると右ペインがスナップショットに関する内容に切り替わります。

なお、「詳細」をクリックした場合は現在の仮想サーバの設定情報に戻ります。

図A-18　スナップショットを作る方法①

[2] スナップショットを作る

VirturlBoxの右ペインに、**図A-19**のような画面が表示されたら、[作成]ボタンをクリックします。

図A-19　スナップショットを作る

[3] スナップショットの名前を入力する

「仮想マシンのスナップショット作成画面」が表示されたら、分かりやすい任意の「スナップショットの名前」と「説明」を入力して、[OK] をクリックしてください (図A-20)。

図A-20　スナップショットの名前を入力する

以上で、スナップショットの作成は完了です。

作ったスナップショットは、右ペインのツリー上に一覧で表示されます (図A-21)。

> ※スナップショットの作成時点にまで戻したいときは、そのスナップショットを選択後、[復元]ボタンをクリックします。

図A-21　作られた「スナップショット」

このように、スナップショットは非常に簡単に作成復元が可能です。

操作を誤って、サーバの設定をおかしくしてしまったときでも、簡単な操作で復元することがでます。

このような学習環境で試行錯誤をして、サーバを作る際には非常に便利な機能です。

ぜひ、活用してください。

*

ただし、スナップショットの作成には、それなりのハードディスクの容量を使います。そのため、スナップショットの作成は、一通りシステムを設定

した段階や、ソフトウェアのインストール直前などの、節目となる場面で行なったほうがいいでしょう。

＊

これでDockerをはじめる準備が整いました。
では、**第2章**で、またお会いしましょう。

●ポートフォワーディングでUbuntuとつなぐ

ここからは、ホストオンリー・アダプタによる接続が難しい環境の人を対象としています。

本編ではホストオンリー・アダプタでの接続を前提としているため、この方法は一部本編にて操作が異なる部分が生じることをご了承ください。

なお、ホストオンリー・アダプタと併せて使用することもできるので、ホストオンリー・アダプタの設定が残ったままでも問題ありません。

手　順 Windows PCと直接つなげるための仮想NICを追加する

[1] Ubuntuが起動中なら、一度、シャットダウンする。
[2] シャットダウン後、VirtualBoxの設定をクリック（**図A-11**）
[3] 設定画面の左ペインから、ネットワークを選択
[4] 右ペインのアダプター1タブをクリック
[5] 右ペインのポートフォワーディングボタンをクリック

そして、右側の追加アイコンをクリックし、ルール行の「名前」「ホストポート」「ゲストポート」に「ssh」「8022」「22」を入力して設定します（**図A-22**）。

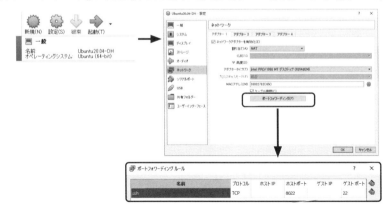

図A-22 ポートフォワーディングルールの設定

　設定後、「ポートフォワーディングルール」画面および「ネットワークアダプター1」の画面で「OK」ボタンを押して設定を反映させます。

　これでネットワーク設定は完了です。

　続いてターミナルソフトでの接続ですが、ポートフォワーディングによる接続の場合、接続先は自分自身で、接続先ポートはポートフォワーディングルールで紐づけたポートになります。

　そのため、「ホスト」は「localhost」とし、TCPポートは先のルールでホストポートに設定した「8022」を指定します。

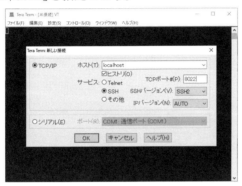

図A-23　Tera Termを使って接続する

　これによって、ターミナルソフトでUbuntuに接続することが可能になります。
　この方法はネットワーク設定が簡単ですが、本書を学習する上で操作PC（Windows）、Linuxのホスト OS、Docker コンテナの境目が分かりにくくなるためホストオンリー・アダプタができない場合のための次点の設定とさせていただきました。

　また、この方法を使用する上ではポートフォワーディングルールにあらかじめ操作PCと Linux ホスト OS 間のポート対応を登録する必要があります。
　本書では次のポートを使用します。

名　前	ホストポート	ゲストポート
ssh	8022	22
http	80	80
http_test	8080	8080
Application	3000	3000

　ただし、上記は操作PC側に各ホストポートを使用するアプリケーションソフトがインストールされていない場合となります（＊sshのみ、ポートフォワーディングルールの説明のために変えています）。

　ホストポートが他アプリケーションソフトで使用されている場合はsshのようにゲストポートはそのままでホストポートの割り当てを変えてください。

名前	プロトコル	ホスト IP	ホストポート	ゲスト IP	ゲスト ポート
Application	TCP		3000		3000
http	TCP		80		80
http_test	TCP		8080		8080
ssh	TCP		8022		22

ポートフォワーディング ルール ? ✕

図A-24　本書で使用するポートフォワーディングルール

　また、本書ではLinuxサーバを「192.168.56.2」というIPアドレスを持つサーバとして記載していますが、ポートフォワーディングによる接続の場合はすべて「192.168.56.2」を「localhost」に置き換えて読み進めてください。

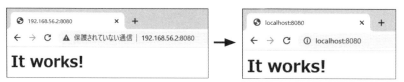

図A-25　本書での読み替え（左：ホストオンリー・アダプタ　右：ポートフォワーディング）

●Docker Desktop for Windows(WSL2版)を使用する

　本書執筆時点ではまだWSL2およびDocker Desktop for Windowsは改訂が盛んであるためこの手順も変わる可能性があります。

　インストールがうまくいかない場合には最新の状況を確認してください。

　また、本編中ではLinuxサーバをVirtualBox上に構築した環境下で説明を行っており、WSL2環境での説明はありません。

　Dockerは環境に依存しないため、基本的にWSL2でも本書の学習をすることは可能ですが、一部差異(主にDocker外からの操作)が生じる部分がある点もご了承ください。

　なお、本書中のブラウザ経由でゲストOSに接続する箇所については「192.168.56.2」を「localhost」に読み替えてください(これは概ね前項のポートフォワーディングと同じです)

　また、この方法ではTera Termなどのターミナルソフトは使用しません。Windows標準のコマンドプロンプト、もしくはpowershellを使用してください。

　なお、本書執筆時点ではVirtualBox6.1とDocker Desktop for Windows(WSL2)は同時使用が可能です。

(過去のバージョンではVirtualBoxとDocker Desktop for Windows(Hyper-V版)のHyper-Vが競合し、同時使用はできませんでしたが、現在WSL2との組み合わせでは使用可能となります。)

　まず、この方法を行うには下記の条件が必要となります。

---

①Windows10 64bit版を使用していること

②2004以降のバージョンを使用していること

③CPUがSLAT機能(仮想化支援機能の第二世代)に対応し、有効になっていること

以上を満たしていれば、下記インストール手順に入っていきます。

※本書ではWSL2版の手順となります。
　Windows 10 Pro.版などのHyper-Vが使用可能なWindowsではHyper-V版のDocker Desktop for Windowsに切り替えて使用することも可能ですが、本書執筆時点でHyper-V版がレガシー扱いとなりWSL2版へ促すメッセージが出ておりますので、Hyper-V版については説明しません。

手　順

[1] WSL2インストールのための設定有効化

　WSL2を使用するためにはWindowsの設定を変更する必要があります。

　コントロールパネルの「プログラム」より「Windowsの機能の有効化または無効化」をクリックします。

図A-26　Windowsの機能の有効化または無効化

[2] WSL機能の有効化

　そして [Linux用Windowsサブシステム] と [仮想マシンプラットフォーム] にチェックを入れ、[OK] をクリックします。

図A-27　WSL機能有効化と仮想マシンプラットフォーム機能の有効化

[3] Windowsの再起動

　再起動を要求されますので再起動します。

　（ここまででWSLの設定ができました。次はWSL→WSL2への更新作業です）

[4] WSL2用Linuxカーネルをインストールする

WSL2用のLinuxカーネルは執筆時点では下記URLからダウンロードできます。

```
https://wslstorestorage.blob.core.windows.net/wslblob/wsl_update_x64.msi
```

> ※将来的に何らかの理由で上記リンクにアクセスできない場合、「x64 マシン用 WSL2 Linux カーネル更新プログラム パッケージ」で検索してみてください。

ダウンロードしたファイルをダブルクリックしてインストールします。

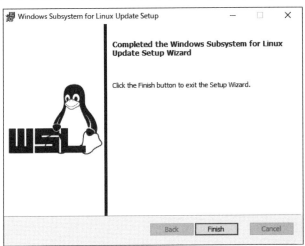

図A-28 WSL2用カーネルのインストール

[5] WSL→WSL2への切り替え

更新後、下記コマンドを入力してWSL2を標準で使用するように変更します。

```
wsl --set-default-version 2
```

```
c:\>wsl --set-default-version 2
WSL 2 との主な違いについては、https://aka.ms/wsl2 を参照してください
```

図A-29 WSL2への切り替え

[6] Docker Desktop for Windowsをダウンロードし、インストールする

「Docker Desktop for Windows」でインターネット検索すると公式のダウンロードページがヒットしますので、ダウンロードしてインストールします。

図A-30 Docker Desktop for Windowsのダウンロード

[7] デスクトップのアイコンから Docker Desktop for Windows を起動する

インストールが完了するとデスクトップにアイコンが作成されますのでダブルクリックしてダッシュボードが表示されることを確認します。

デフォルトでは Docker Desktop for Windows は Windows の起動と同時に起動しますので、ダッシュボードを常時表示する必要はありません。

ダッシュボードではコンテナやイメージのリストが表示され、ここからコンテナやイメージの削除やログの確認もでき、GUI ならではの機能があります。

図A-31 ダッシュボードの起動

なお、ターミナルソフトは Windows 標準のコマンドプロンプトもしくは power shell を使用します。

具体的には本書での Docker コマンドをそのままコマンドプロンプトに入力するだけになります。

次の例では Apache コンテナ実行のコマンド「docker run -p 8080:80 -d httpd」をコマンドプロンプトに入力したものですが、仮想サーバ版 (Ubuntu) と同じ結果が得られます。

図A-32 コマンドプロンプトでApacheコンテナを起動

　また、本書をDocker Desktop for Windows版で進める場合、もう一点相違があります。

　それは、本書ではホストOSがLinuxであるのに対し、Docker Desktop for WindowsではホストOSがWindowsになることです。

　これにより、ホストOSのパスを書く際にはWindowsのパスを記載します。

・例① LinuxのWebContentsディレクトリとコンテナのhtdocsディレクトリをマウントする（3章）

```
# docker run -v /root/WebContents/:/usr/local/apache2/
htdocs/ -p 80:80 -d httpd
```

・例② WindowsのWebContentsフォルダとコンテナのhtdocsディレクトリをマウントする

```
# docker run -v
C:¥Users¥ユーザ名¥Documents¥WebContents¥:/usr/local/apache2/htdocs/
-p 80:80 -d httpd
```

> ※折り返していますが一行で書きます。WebContentsフォルダはこの例ではドキュメントフォルダの下に作成していますが、任意の場所で構いません。

　もう一点、記載例を挙げておきます。

・例③ httpd.conf を取り出す（5章コラム）

```
# docker cp [コンテナID]:/usr/local/apache2/conf/httpd.conf
C:¥Users¥ユーザ名¥Documents¥httpd¥
```

　などのように、ホストOS側のパスをWindowsの表記で記載します。

　また、**6章**ではDocker composeというツールをインストールしますが、Docker Desktop for Windowsではあらかじめインストールされています。

　このように、Docker Desktop for Windowsでも本書の学習で必要なものは揃っていますので、Docker Desktop for Windowsでコンテナの学習をすることも可能です。

索　引

■著者略歴

浅居　尚（あさい・しょう）

静岡大学大学院理工学研究科修了。システムエンジニア。
情報処理技術者（「情報セキュリティスペシャリスト」「ネットワークスペシャ
リスト」）

主に企業のプロジェクトに参加し、サーバの構築・運用に従事。
最近は学校のネットワーク関係のプロジェクトに参加し
ネットワークの構築・施工の管理などを行なう。
趣味：「写真」「パソコンを含む電子機器の組み立て」「筆記具・文房具集め」

［主な著書］

「Aruduino Grove ではじめるカンタン電子工作」(2017年、工学社)

［謝辞］

本書を執筆するにあたり、大澤文孝様に監修を、小笠原種高様には図の作成
を協力していただきました。この場を借りてお礼申し上げます。

本書の内容に関するご質問は、
①返信用の切手を同封した手紙
②往復はがき
③ FAX (03) 5269-6031
　（返信先の FAX 番号を明記してください）
④ E-mail　editors@kohgakusha.co.jp
のいずれかで、工学社編集部あてにお願いします。
なお、電話によるお問い合わせはご遠慮ください。

サポートページは下記にあります。

［工学社サイト］
http://www.kohgakusha.co.jp/

I/O BOOKS

自宅ではじめる**Docker入門**［改訂版］

2021 年 4 月 30 日　初版発行 © 2021	著　者	浅居　尚
	発行人	星　正明
	発行所	株式会社**工学社**

〒160-0004 東京都新宿区四谷 4-28-20 2F

電話	(03) 5269-2041 (代) ［営業］
	(03) 5269-6041 (代) ［編集］

※定価はカバーに表示してあります。

振替口座　00150-6-22510

印刷：(株)エーヴィスシステムズ

ISBN978 4-7775-2147-0